공직의 길

공직의 길

초판 1쇄 인쇄 | 2011. 9. 20.
초판 1쇄 발행 | 2011. 9. 30.

지은이 | 박재홍
발행인 | 김경애
발행처 | 유원북스

표지디자인 | 안영남
삽　화 | 박상철

주　소 | 서울특별시 서초구 반포동 10 푸르지오 102-202
이메일 | withsugi@naver.com
전　화 | (02)593-1800
팩　스 | (02)3142-4922
출판신고번호 | 제321-2011-000169호

ISBN 978-89-967235-0-9

- 책값은 뒤표지에 있습니다.
- 잘못 만들어진 책은 구입하신 서점에서 교환해 드립니다.

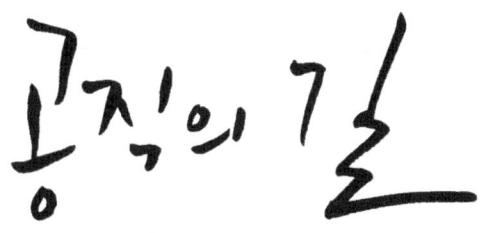

공직의 길

정상의 공직자로 안내하는 자기관리법

박재홍 지음

유원북스

글을 쓰면서

청와대 내에 공직기강비서관실이라는 조직이 있다.

그곳에서 주로 하는 일이 2급 이상 고위공무원과 공공기관 임원 등에 대한 인사검증과 감찰 업무이다. 나는 그곳에서 MB정부가 출범할 때부터 약 3년간 근무를 하면서 1천 명 가량의 인사검증을 직접 했다. 그 중에는 국회 인사청문회 대상자도 많이 있었다. 내가 직접 관여하지는 않았지만 대한민국의 수많은 공직자들의 인사검증 내용을 동료들로부터 직·간접적으로 듣고 보았다. 그리고 10년 넘게 국회에 재직하면서 많은 인사청문회를 경험하였다. 그 중에는 장관후보자는 물론이고 대법원장·국무총리 후보자도 있었다.

공직자라면 누구에게나 최고의 자리에 올라가고픈 욕망이 있다. 그러나 능력과 자질이 아무리 우수하여도 자신의 행위에 위법성이 드러나거나 도덕성에 치명적인 결점이 발견되어 낙마하는 경우를 수없이 봐 왔다. 그러면서 늘 아쉬웠던 점이 공직자들이 자기관리를 제대로 하지 못한다는 것이었다.

물론 공직사회도 워낙 많은 사람들로 구성되어 있으니까 일부의 일탈은 항상 있을 수 있다. 그러나 아무리 깨끗하고 청렴하다고 소문난 공직자도 인사검증을 하다가 보면 한두 개 위법 사항이 나오지 않는 공직자는 거의 없다. 그 이유가 대한민국 공직들이 다 부패해서일까? 내 경험상으로 그건 절대 아니다.

공직자들이 자기관리를 못하는 주된 이유는 우리의 현실과 제도가 모순되는 점이 너무 많고 지켜야 할 규정들이 복잡하고 어렵다는 데 있다. 잘못하다가는 범법자가 되기 일쑤다. 이는 판사나 검사도 마찬가지이다.

상황이 이러한 데도 공직자나 공직자가 되려는 사람들이 무엇을 어떻게 자기관리를 해 나가야 하는지에 대한 구체적인 가이드라인도 없는 상태이다.

그동안 나에게 많은 공직자들이 자신의 고민사항에 대해 조언을 구해 왔다. 어떤 사람은 어머니가 주식을 살려고 하는데 괜찮은지 물었고, 어떤 사람은 유학중에 낳은 아들이 복수국적인데 문제는 없는지를 물어왔다. 이럴 때마다 내 경험을 토대로 모든 공직자들에게 위반하기 쉽고, 꼭 지켜야 할 최소한의 규정들을 알려 주고 싶었다.

그렇지만 내겐 직무상 취득한 비밀을 엄수해야 할 의무 또한 있어서 개인이 드러날 수 있는 구체적인 사례나 직무상 외부에 알려지면 곤란할 내용은 쓸 수 없었다. 그래서 국회와 청와대에서의 경험을 기초로 하여 법령 중심으로 공직자들이 꼭 지켜야 하거나 알아두어야 할 필요성이 있는 38개의 주제를 선택했다. 본 내용에 등장하는 각종 사례들은 대부분 독자들의 흥미와 이해력을 높이는 데 도움이 될 수 있도록 가공하거나 일반인들에게 알려진 내용이 라는 점을 밝혀 둔다.

당초 품은 뜻은 컸으나 쓰면서 답답함을 느낀다. 뭔가 더 해주고 싶은 말이 있었는데 ….

특히, 농지소유관계는 불법 여부를 파악하기 위해 알아야 할 법 규만 하더라도 워낙 종류가 다양하고 광범위하여 재미있는 사례를 들지 못해 따분하기 그지없다.

그렇지만 이 책을 통해 대한민국의 공직자 몇 사람이라도 자기를 관리하는 데 조금이나마 도움이 된다면 이 책을 펴내고자 했던 나의 바람은 이루어진 셈이다.

공직자 자신이 하고 있는 행동에 비밀은 없다. 어디엔가는 기록되고 누군가 기억하는 사람들이 있다. 대한민국 공직자들이 좀 더 엄격하게 자신을 관리하여, 국민들이 좀 더 편안하고 존경스러운 마음으로 우리 공직자들을 대할 날을 기대해 본다.

마지막으로 이 책을 쓰는데 법률적 검토와 여러 가지 조언을 해주신 박 찬 '법무법인 靖世' 대표 변호사님과 서울대학교 공병영 국장님, 청와대 재직 시에 훌륭히 이끌어주신 장석명 공직기강비서관님과 옛 동료 여러분들께도 감사의 말씀을 드린다.

그리고 이 책을 판매함으로써 내가 얻는 인세 수입은 전액 기부할 예정이다. 기부하고자 마음먹은 이유는 이 글의 내용들이 대부분 내가 공직생활을 통해 얻었기 때문이다. 기부할 곳은 주변의 여론을 들어서 공직자들이 가장 원할 만한 기관으로 정할 것이며, 추후 기부금액 등 관련된 상세한 내용은 공개적으로 자세히 밝힐 예정이다.

2011년 가을
서울 과해동 사무실에서 박재홍

차 례

글을 쓰면서 _ 5

정상으로 가는 길, 자기관리에 있다 _ 13

신상관리

1 첫 걸음은 주소지 관리부터 _ 18

2 병역기피는 금물 _ 21

3 얻을 게 없는 원정출산 _ 25

4 음주운전은 독약 _ 36

5 가장 흔한 국민연금법·건강보험법 위반 _ 40

6 영리활동·겸직을 할 때는 조심해야 _ 52

7 논문표절은 이제 그만 _ 56

8 자기개발은 필수 항목 _ 65

9 공직자 재산등록은 빈틈없이 _ 67

10 사소한 법규위반도 쌓이면 걸림돌이 된다 _ 73

납세 · 재산관리

1. 꼼꼼히 챙겨야 할 주택 월세 임대 _ 76
2. 배우자·자녀 명의의 재산도 잘 관리해야 _ 80
3. TV출연·외부강연도 좋으나 종합소득세신고는 할 것 _ 85
4. 연말정산시 과욕은 화를 부른다 _ 91
5. 주식거래는 신중하게 _ 97
6. 영원히 발목 잡을 농지 매입 _ 103
7. 투기꾼으로 몰리기 쉬운 임야 구입 _ 135
8. 부동산 취득시 다운계약서 작성은 위법인가? _ 140

주변관리

1. 공직생활을 하면서 한번쯤은 감동적인 일을 하자 _ 150
2. 국민의 눈높이에 맞는 생활이 좋다 _ 152

3 술자리에서는 남녀유별이 최고다 _ 155
4 단골술집은 소문을 만들어 내는 공장 _ 158
5 사조직에 공을 들이지 마라 _ 160
6 가장 큰 장애물은 내 주변에 있다 _ 162
7 출입국시 고가품 반입에 주의해야 _ 164
8 공무출장에 배우자 동행은 어울리지 않아 _ 168
9 부하직원을 편애하면 분노를 낳는다 _ 171
10 부하직원의 보고서를 최대한 존중하자 _ 174

제 4 편

인사검증·국회 인사청문회 통과하기

1 먼저, 후보자군에 포함되어야 한다 _ 178
2 자료제출은 사전에 직접 검토·확인해라 _ 181
3 검증담당자의 마음을 읽어라 _ 186
4 측근에만 의존하지 말고 전문가의 조언을 꼭 받아라 _ 188
5 청문회장 분위기를 사전에 익혀라 _ 191

제 5 편

더러워진 흰옷도 삶으면 향기가 난다

1 낡은 건물도 리모델링하면 멋지다 _ 197

2 리모델링이 불가능하면 페인트라도 칠하자 _ 200

제 6 편

에필로그

1 긍정적 평가 공직자 인물상 10가지 _ 206

2 부정적 평가 공직자 인물상 10가지 _ 208

3 공직을 망치는 10가지 유형 _ 210

부 록

고위공직 예비후보자 사전 질문서 _ 213

정상으로 가는 길, 자기관리에 있다

　2010년 12월 30일 기준으로 대한민국의 전체 공직자 수는 총 122만 6천 명 가량이 된다. 그 중에서 공무원이 97만 9천 명이며, 공공기관의 임직원이 24만 7천 명 정도이다. 이처럼 백만 명이 넘는 많은 공직자들의 가장 큰 소망은 바로 승진이다. 주변의 공직자들이 한 단계씩 승진할 때마다 기뻐하는 모습이 잊혀지지 않는다. 반대로 승진에서 탈락하여 결근까지 하면서 고통스러워 하는 모습 또한 절대 잊을 수 없을 것이다.

　그렇지만 공직사회 또한 피라미드 조직이어서 직급이 올라갈수록 경쟁이 치열해지며, 승진자가 있으면 탈락자가 있기 마련이다. 대한민국의 전체 공무원 중에서 2급 이상 고위 공무원은 1천 5백 명밖에 되지 않는다. 비율로 따지면 0.1%에 해당한다. 하늘의 별따기라고 말하면 지나친 표현일까?

　그렇다면 어떻게 해야 고위공직자를 넘어서는 정상의 공직자가 될 수 있을까? 고시출신이면 좀 더 쉽겠지만 비(非)고시출신들도 많은 사람들이 고위공직자가 되어 자신의 능력을 발휘하는 것을 보았다. 내가 아는 어떤 분은 9급 공무원 출신인 데도 지금은 1급 고위공무원이 되어 본연의 임무에 충실하고 있다. 내가 봐도 최고의 공직자로서 손색이 없다.

공직자로서 정상의 자리에 오르기 위해서는 본인의 의지와 노력 없이는 불가능하다. 그렇지만 아무리 열심히 노력하여 능력과 자질을 인정받았더라도 이제는 자기관리가 되어 있지 않으면 고위공직자가 될 수 없는 시대가 되었다. 과거에는 우리 사회가 지금처럼 투명하지 않았고 국민들이 공직자들에게 요구하는 수준도 높지 않았다. 그러나 지금은 많이 달라졌다.

국민들의 눈높이에 맞는 도덕성을 갖추어야 하며, 철저한 자기관리를 통해서만 정상에 오를 수 있는 것이다. 고위직에 올라갈수록 요구되는 도덕성은 더욱 높아진다. 어떤 최고위직 후보자들 중에서 능력이나 자질은 가장 낮은 평가를 받았지만 자기관리가 가장 잘 된 사람이 결국 최종 후보자로 낙점되었다면 믿을 수 있을까? 외부에 잘 알려지지는 않지만 이러한 일은 비일비재하게 일어난다. 유능한 사람이 자기관리를 잘못하여 적재적소에서 일을 하지 못한다면 본인에게 더 없이 안타까운 일이며, 국가적으로도 큰 손실이다.

공직자라고 해서 부의 축적에 관심을 갖지 않을 수 없다. 가족을 걱정하고 퇴직 후를 생각해야 한다. 배우자가 경제적 활동을 할 수도 있고 자식들 출가도 시켜야 한다. 이러한 과정에서 공직자가 제대로 자기관리를 해 나가기는 쉽지 않다. 가족이 함께 노력해야 하며 주변에서도 도와줘야 한다. 공직자들을 더욱 힘들게 하는 것이 우리의 복잡하고 이해하기 어려운 법과 제도들이다. 본인은 공직자로서 한 점의 부끄러움 없이 행동을 해도 자기도 모르게 범법자가 되기 쉬운 것이 현실이다.

공직자들을 검증하다 보면 공통적으로 위반하는 규정이 있다. 이런 규정들은 관심을 기울이지 않으면 실수하기 쉽고 비밀스럽게 숨어 있다. 앞으로 이러한 규정들을 하나씩 살펴볼 것이다.

공직자들이여! 자기관리에 충실하자.
그러면 정상의 자리가 한발 더 가까이 다가온다.

신상관리

1 첫 걸음은 주소지 관리부터
2 병역기피는 금물
3 얻을게 없는 원정 출산
4 음주운전은 독약
5 가장 흔한 국민연금법 · 건강보험법 위반
6 영리활동 · 겸직을 할 때는 조심해야
7 논문표절은 이제 그만
8 자기개발은 필수 항목
9 공직자 재산등록은 빈틈없이
10 사소한 법규위반도 쌓이면 걸림돌이 된다

1 첫 걸음은 주소지 관리부터

　가장 많은 공직자들이 법을 위반하는 단골 행위가 위장전입이다. 위장전입은 거주지를 실제로 옮기지 않고 주민등록법상 주소만 바꾸는 것을 말한다. 위장전입을 할 경우 주민등록법 제37조 위반으로 3년 이하의 징역 또는 1천만 원 이하의 벌금에 처하게 되는 범죄행위에 속한다. 위장전입 여부는 가족의 개인별 주민등록 등·초본에 나타나 있는 주소지의 전·출입 날짜를 서로 비교하면 비교적 간단하게 확인할 수 있다. 가족 중에서 일부만 타주소지로 이전한 사실이 있거나 가족 모두가 주소이전을 했더라도 다시 원 주소지로 이전한 사실이 있는 등 주소이전 과정이 비정상적이라고 느껴지는 내용이 있으면 정밀한 확인절차를 거치게 된다.

위장전입 사례를 보면 농지구입, 아파트 구입, 자녀 교육목적 등 다양하다. 학교에 적응하지 못한 자녀전학 때문이거나 자동차운전면허증을 발급받기 위한 위장전입은 그래도 양호한 편이다. 한번은 이런 사례도 있었다. 이란성 쌍둥이를 두고 있는 고위공직자가 위장전입을 한 의혹이 있어서 해명을 요구했더니, 그 공직자의 어머니가 점을 보러갔는데 점쟁이가 쌍둥이를 같이 키우면 서로에게 해가 된다는 점괘가 나왔다는 것이다. 늙으신 어머니의 말씀을 거역할 수 없어서 아내와 한 아이를 친척집으로 주소만 이전해 놓고 살았다는 것이다. 당시 이 분의 처리를 놓고 상당히 고민한 기억이 있다.

위장전입의 목적이 부동산 투기 등 개인의 경제적 이익을 위한 경우에는 큰 불이익을 받는다. 1988년 당시 전국적으로 땅투기 열풍이 불자 정부에서는 농지개혁법 시행규칙을 개정하여 비농민이 농지를 매입하기 위해서는 농지 소재지에 전(全) 가족 주민등록 이전과 실제 6개월 이상 거주해야 하는 등 요건을 대폭 강화했다. 이때부터 96년 농지법이 제정·시행되기 전까지 농지를 매입하기 위한 위장전입 사례가 가끔 발견된다.

주민등록법 제16조 제1항에 의하면 시장·군수 또는 구청장은 30일 이상 거주할 목적으로 그 관할구역 안에 주소 또는 거소를 가진 자를 등록하여야 하며, 동법 제16조 제1항에 따라 세대주는 전입한 날로부터 14일 이내에 전입신고를 하도록 되어 있다.

주민등록법, 현행

제6조(대상자) ① 시장·군수 또는 구청장은 30일 이상 거주할 목적으로 그 관할 구역에 주소나 거소를 가진 자를 이 법의 규정에 따라 등록하여야 한다. 다만, 외국인은 예외로 한다.

제16조(거주지의 이동) ① 하나의 세대에 속하는 자의 전원 또는 그 일부가 거주지를 이동하면 제11조나 제12조에 따른 신고의무자가 신거주지에 전입한 날부터 14일 이내에 신거주지의 시장·군수 또는 구청장에게 전입신고(轉入申告)를 하여야 한다.

제37조(벌칙) 다음 각 호의 어느 하나에 해당하는 자는 3년 이하의 징역 또는 1천만 원 이하의 벌금에 처한다.

1.~ 2. 생략
3. 제10조 제2항을 위반한 자나 주민등록 또는 주민등록증에 관하여 거짓의 사실을 신고 또는 신청한 자

2 병역기피는 금물

　법률이 정하고 있는 국민의 의무 중에서 남자들에게 가장 감당하기 어려운 일이 병역의 의무를 이행하는 것이다. 그렇기 때문에 병역 의무는 그만큼 민감한 사항이며 고의로 병역기피를 했다면 고위 공직자가 되려는 희망을 버려야 할 것이다. 병역법 제14조에 의하면 신체검사를 받은 사람 중에서 신체등위가 1급부터 4급까지인 사람은 현역병 입영 혹은 보충역 대상이 되며, 5급인 사람은 제 2 국민역, 6급인 사람은 병역면제, 7급인 사람은 재신체검사 대상이 된다.
　현역병 입영 대상자는 군복무를 하는 대신에 전문연구요원이나 산업기능요원으로 편입하여 근무할 수 있다. 전문연구요원이란 석사 또는 박사 학위를 취득한 사람이 군복무를 하는 대신에 병무청장이 선정한 연구기관에서 해당 전문연구분야의 연구개발 업무에 종사하는 것을 말한다.

그리고 산업기능요원이란 국가 산업의 육성·발전을 위하여 일정한 자격·면허와 학력 등의 조건을 갖추고 있는 사람이 군복무를 하는 대신에 제조·생산, 광업 등 병무청장이 선정한 기업체나 특정분야에서 일정기간 종사하는 사람을 말한다. 보충역 복무는 주로 국가기관이나 공공단체 및 사회복지시설 등에서 지원업무를 하게 된다.

이처럼 현역병 대신 전문연구요원이나 산업기능요원 등으로 근무한 사람에 대해서는 출근표 확인 등을 통해 성실히 근무했는지 여부와 편입 과정에서의 편법 여부를 확인하기 위해 근무업체의 사장과의 특수관계 여부 등을 꼼꼼히 검토하게 된다. 가끔씩 공직자와 그의 아들이 근무한 업체의 사장과 친분이 두터운 경우도 있다.

그리고 보통 병역면제 사유로는 고령, 외국국적 취득, 독자·생계곤란 등 가정 사정, 저학력 등의 자격 부족, 부동시·고도근시·폐결핵 등 질병 때문이다. 이 가운데 고령이나 외국국적 취득, 가정 사정 등의 사유로 병역면제를 받은 사람들의 위·탈법성은 비교적 쉽게 파악이 가능하지만 질병으로 병역면제를 받은 사람들의 고의성 여부를 알아내기는 어렵다.

병역면제자가 있으면 먼저 본인에게 소명을 요구하고 그 내용을 기초로 관계기관이나 당사자로부터 필요한 자료를 제출받아 진실 여부를 판단하게 된다. 고도근시·폐결핵 등 질병으로 인한 병역면제는 병적기록표, 현재 상태에 대한 병원진단서, 전문가 의견 등을 모두 참고하게 된다. 사회적으로 문제가 되어 왔던 원정출산으로 인한 병역기피나 병역회피목적의 국적포기와 관련해서는 다음에 자세히 설명을 하겠다.

검증과정에서 만약 공직후보자 당사자나 직계비속이 병역의무를 고의로 회피했다는 결론이 나오면 당사자에게는 치명적이다. 고위공직자가 되기 위해서는 병역의무 이행이 필수적이라는 사실은 더 이상 강조하지 않아도 될 것이다.

참고로 1960년대~1980년대 병역의무 대상자 중에서 특히 병역면제자들을 많이 발견하게 되는데, 이를 제대로 이해하기 위해서는 당시의 상황에 대한 정확한 인식이 필요하다.

병무청의 통계를 보면 1961년 이후 연간 군대에서의 소요인원은 20만 명 내외이었음에도 징병검사대상자는 다음 표와 같이 연간 50만 명을 넘어 80만 명에 이를 때도 있었다. 이처럼 병역자원이 과다하게 넘쳐나자 잉여자원을 활용하기 위해 우선 방위소집제도를 1960년대 후반부터 실시하였고, 1973년에는 병역특례제도를 도입하여 군복무 대신에 정부지정 연구기관이나 산업체 등에서 근무를 할 수 있도록 했다.

잉여병역자원은 점차 누적되어 1970년대에 들어오면서 4~5년 늦게 징집되는 경우도 있어서 사회문제화되었다. 이러한 상황이 되자 1973년 정부는 고령자, 무학자, 생계곤란자 등 17만여 명의 방위소집 장기대기자들을 대상으로 병역면제 조치를 단행하였다. 그 이후에도 계속해서 정부는 방위소집대상자의 상한 연령을 단축

하였고 5년 이상 대기자, 생계곤란자 등을 대상으로 방위소집 면제 조치를 하였다. 따라서 70년대 당시에 고령 등으로 인한 병역면제자가 많았던 것은 잉여병역자원의 과다로 인한 불가피한 조치였다. 물론 이러한 상황에서는 편법·불법적인 방법으로 병역면제를 받기가 더 쉬웠을 것으로 추측된다.

1990년 들어오면서 정부의 과잉병역자원 해소 정책의 효과와 더불어 병역자원이 자연적으로 감소하자 정부는 병역특례제도를 축소하고 장기대기자 병역면제제도를 폐지하는 등 병역자원 확보정책으로 다시 전환하였다.

| 연도별('61~'99) 징병검사 대상자 현황 | (단위 : 천 명)

연 도	징병검사대상자	연 도	징병검사대상자	연 도	징병검사대상자
1961	466	1974	521	1987	455
1962	390	1975	487	1988	458
1963	351	1976	500	1989	448
1964	416	1977	535	1990	446
1965	483	1978	533	1991	563
1966	535	1979	567	1992	465
1967	647	1980	618	1993	434
1968	660	1981	614	1994	396
1969	705	1982	816	1995	382
1970	710	1983	833	1996	395
1971	590	1984	682	1997	376
1972	582	1985	468	1998	419
1973	504	1986	455	1999	415

※자료출처 : 병무청의 병무연보에서 발췌하여 재구성.

3 얻을 게 없는 원정출산

 몇 년 전에 재벌가 아들과 결혼한 유명인이 출산을 앞두고 미국으로 가서 아이를 낳자 미국시민권을 얻어 병역을 기피하기 위한 수단으로 원정출산을 택한 것이 아니냐는 비판을 받은 적이 있다. 또한 과거 유력 정치인 아들이 원정출산 의혹을 받아 큰 곤혹을 치른 적도 있다.
 최근에는 국내에서 원정출산 대행업체들이 성행하고 있다는 언론보도가 잇따르면서 다시 한번 국민적 관심을 불러왔으며, 미국 내부에서도 무분별한 원정출산을 차단하기 위한 헌법개정을 시도하고 있다는 보도도 있었다. 이처럼 우리 사회에서는 원정출산이라는 문제가 민감한 사회적 이슈가 되는 이유는 원정출산 자체의

국적법, 현행

제2조(출생에 의한 국적 취득) ① 다음 각 호의 어느 하나에 해당하는 자는 출생과 동시에 대한민국 국적(國籍)을 취득한다.
  1. 출생 당시에 부(父)또는 모(母)가 대한민국의 국민인 자
  2. 출생하기 전에 부가 사망한 경우에는 그 사망 당시에 부가 대한민국의 국민이었던 자
  3. 부모가 모두 분명하지 아니한 경우나 국적이 없는 경우에는 대한민국에서 출생한 자
② 대한민국에서 발견된 기아(棄兒)는 대한민국에서 출생한 것으로 추정한다.

제3조(인지에 의한 국적 취득) ① 대한민국의 국민이 아닌 자(이하 "외국인"이라 한다)로서 대한민국의 국민인 부 또는 모에 의하여 인지(認知)된 자가 다음 각 호의 요건을 모두 갖추면 법무부장관에게 신고함으로써 대한민국 국적을 취득할 수 있다.
  1. 대한민국의 「민법」상 미성년일 것
  2. 출생 당시에 부 또는 모가 대한민국의 국민이었을 것

미국 수정헌법 제14조, ARTICLE XIV

제1절 미국에서 태어나거나 혹은 귀화하고, 미국의 관할권에 속하는 모든 사람은 미국과 그가 거주하는 주의 시민이다.

Section 1. All persons born or naturalized in the United States, and subject to the jurisdiction thereof, are citizens of the United States and of the State wherein they reside.

문제점보다 원정출산이 납세의 의무와 함께 국민의 가장 기본적인 의무인 병역기피로 이어졌기 때문이다.

대한민국의 국적법은 혈통주의로 출생 당시에 부(父) 또는 모(母)가 대한민국의 국민인 자는 출생과 동시에 대한민국 국적을 취득하도록 규정하고 있다. 이에 비해 미국은 수정헌법 제14조에 따라 출생지에 의해 국적을 취득할 수 있도록 하고 있어 미국에서 출생한 자녀는 양친이 일시적으로 미국 내에 체재하거나 불법으로 미국 내에 체류하고 있어도 미국시민권을 취득할 수 있다.

그동안 국내에서는 임산부들이 미국에 일시 거주하면서 출산하여 미국국적을 취득한 후 국내에서 대한민국 국적을 또 취득하여 대한민국 국민이 누릴 수 있는 권리를 행사하다가 병역의무를 이행할 시기가 되면 대한민국 국적을 포기하여 많은 비난을 받았다.

이러한 사회적 분위기를 반영하여 2004년 홍준표 의원이 국적법 제12조 제3항을 신설하는 개정안을 발의하여 '직계존속이 외국에서 영주할 목적 없이 체류한 상태에서 출생한 자'는 병역의무를 마치거나 면제될 때까지 한국국적이탈신고를 할 수 없도록 하였다.

2010년 12월 31일 신설된 동법 시행령 제16조의2와 시행규칙 제10조의2에는 개정 법률의 '직계존속이 외국에서 영주할 목적으로 체류한 상태에서의 출생한 자'의 범위를 매우 구체적으로 제한하고 있다. 즉 시행령에서는 '외국에서 영주할 목적의 체류한 상태에서의 출생한 자'의 의미를 「아버지 또는 어머니가 외국에 생활기반을 두고 있으면서 외국의 시민권이나 영주권을 취득한 상태 또

국적법 2005.5.24 일부개정, 2005.5.24 시행

제12조(이중국적자의 국적선택의무) ① 출생 기타 이 법의 규정에 의하여 만 20세가 되기 전에 대한민국의 국적과 외국 국적을 함께 가지게 된 자(이하 "이중국적자"라 한다)는 만 22세가 되기 전까지, 만 20세가 된 후에 이중국적자가 된 자는 그 때부터 2년 내에 제13조 및 제14조의 규정에 의하여 하나의 국적을 선택하여야 한다. 다만, 「병역법」 제8조의 규정에 따라 제1국민역에 편입된 자는 편입된 때부터 3월 이내에, 제3항 각 호의 어느 하나에 해당하는 때부터 2년 이내에 하나의 국적을 선택하여야 한다.
② 제1항의 규정에 의하여 국적을 선택하지 아니한 자는 제1항의 만 22세 또는 2년을 경과한 때에 대한민국의 국적을 상실한다.
③ 직계존속이 외국에서 영주할 목적없이 체류한 상태에서 출생한 자는 병역의무의 이행과 관련하여 다음 각 호의 어느 하나에 해당하는 때에 한하여 제14조의 규정에 따른 국적이탈신고를 할 수 있다.〈신설〉
1. 현역·상근예비역 또는 보충역으로 복무를 마치거나 마친 것으로 보는 때
2. 병역면제처분을 받은 때
3. 제2국민역에 편입된 때

국적법 시행령 2010.12.31 일부개정, 2011.1.1 시행

제16조의2(직계존속이 외국에서 영주할 목적 없이 체류한 상태에서 출생한 자) 법 제12조 제3항 각 호 외의 부분에서 직계존속이 외국에서 영주할 목적 없이 체류한 상태에서 출생한 자는 부 또는 모가 외국에 생활기반을 두고 있으면서 외국의 시민권이나 영주권을 취

득한 상태 또는 법무부령으로 정하는 그에 준하는 체류 상태에서 출생한 자가 아닌 사람으로 한다. 〈신설〉

> **국적법 시행규칙 2010.12.31 일부개정, 2011.1.1 시행**
>
> **제10조의2(영주권에 준하는 체류 상태에서 출생한 자)** ① 영 제16조의2에서 그에 준하는 체류 상태에서 출생한 자는 다음 각 호의 어느 하나에 해당하는 사람으로 한다.
> 1. 외국에서 출생한 남자로서 출생 이후 부 또는 모가 외국의 영주권 또는 시민권을 취득한 사람
> 2. 부 또는 모가 외국에 체류하다가 외국의 영주권 또는 시민권을 신청한 상태에서 출생한 남자
> 3. 외국에서 출생한 남자로서 출생 이후 부 또는 모가 외국의 영주권 또는 시민권을 신청한 사람
> 4. 외국에서 출생한 남자로서 국적이탈 신고 전까지 부 또는 모가 외국에서 17년 이상 계속하여 거주한 사람
>
> ② 영주권제도를 채택하고 있지 않는 나라의 경우에는 최장기 체류 비자 또는 거주허가증을 영주권에 갈음하는 것으로 보고, 시민권이라는 용어를 사용하지 않는 나라의 경우에는 국적을 시민권에 갈음하는 것으로 본다.
> 〈신설〉

는 법무부령으로 정하는 그에 준하는 체류상태에서 출생한 자」로 규정하고 있다.

그리고 시행규칙에서는 시행령 제16조의2 규정의 '법무부령으로 정하는 그에 준하는 체류상태에서 출생한 자'의 범위를 「① 외

국에서 출생한 남자로서 출생 이후 부 또는 모가 외국의 영주권 또는 시민권을 취득한 사람, ② 부 또는 모가 외국에서 체류하다가 외국의 영주권 또는 시민권을 신청한 상태에서 출생한 남자, ③ 외국에서 출생한 남자로서 출생 이후 부 또는 모가 외국의 영주권 또는 시민권을 신청한 사람, ④ 외국에서 출생한 남자로서 국적이탈 신고 전까지 부 또는 모가 외국에서 17년 이상 계속하여 거주한 사람」으로 한정하고 있다.

즉, 부모가 자녀의 출생 전후에 외국의 시민권이나 영주권을 취득하거나 부모가 자녀의 출생 전후에 외국의 시민권이나 영주권을 신청한 상태에서 출생한 남자, 혹은 국적이탈 신고일 전까지 부모가 외국에서 17년 이상 계속 거주한 사람이 아니면 병역의무 이행 전에 한국국적을 이탈할 수 없다. 따라서 단순히 외국국적을 얻기 위한 원정출산이나 외국유학 등 일시적인 체류상태에서 외국국적을 취득한 사람들은 병역의무를 마칠 때까지 한국국적을 이탈할 수 없다.

앞에서 사례를 든 재벌가 유명인이 원정출산으로 낳은 아들도 여러 가지 정황상 병역의무 이행 전에는 한국국적을 포기하는 것이 사실상 불가능해 보인다.

한국국적포기는 법무부가 심사를 거쳐 국적이탈 요건을 갖춘 경우에만 수리된다. 법무부에서는 국적이탈 요건 심사시 형식적인 법률적 요건충족보다 실질적으로 외국에서 영주할 목적으로 체류한 상태에서 출생했는가를 따진다. 법무부의 자료에 의하면 「이

(李)모씨의 어머니는 1987년 미국 영주권을 취득하고 1988년 2월 미국으로 출국하였으나 보름 만에 다시 입국 후 국내에서 거주하였다. 이모씨의 어머니는 출산 50일 전인 1992년 1월 초에 다시 미국으로 홀로 출국하여 2월 말에 이모씨를 출산한 후 같은 해 4월 중순에 아들과 함께 귀국한 후 줄곧 가족과 함께 국내에서 거주해왔다. 이모씨는 제1국민역으로 편입되기 전인 2009년에 법무부에 본인의 국적이탈 신고를 하였다.」

이모씨는 국적법상 출생 당시 어머니가 미국영주권자였으므로 국적법상 국적을 이탈할 수 있는 형식적인 요건을 갖추었다. 그렇지만 법무부는 이(李)모씨의 국적이탈 심사에서「외견상으로는 '부 또는 모가 외국의 영주권 또는 시민권을 가지고 있는 상태에서 출생'했지만 부모 및 당사자의 해외 체류정황으로 보아서는 직계존속이 영주할 목적으로 외국에서 체류한 상태에서 출생하였다고 볼 수 없으며, 오히려 '전형적인 원정출산에 해당하는 것'으로서 병역기피 목적으로 우리국적 이탈신청을 한 것으로 판단」하고 국적이탈을 허가하지 않았다.

정부에서는 2010년 5월 국적법 제13조를 개정하여 국내에서 외국 국적을 행사하지 않겠다는 서약을 하는 경우에 복수국적을 허용하면서, 원정출산의 의미를「출생 당시에 모가 자녀에게 외국국적을 취득하게 할 목적으로 외국에서 체류중이었던 사실이 인정되는 자」로 명확히 규정하고 원정출산의 경우에는 복수국적을 허용하지 않도록 했다.

그리고 동법 시행령 제17조 제3항에 원정출산에 포함되지 않는 경우를 3가지로 규정하고 있는데, 「① 자녀의 출생전후를 합산하여 2년 이상 계속하여 외국에서 체류한 경우, ② 자녀의 출생전후에 외국의 영주권 또는 국적을 취득한 경우, ③ 자녀의 출생 당시 유학·공무파견·국외주재·취업 등 사회통념상 상당한 사유로 법무부장관이 정하는 기간 동안 외국에서 체류한 경우」이다.

법무부의 국적업무처리지침에는 시행령 제17조 제3항의 '2년 이상 계속하여 외국에서 체류한 경우'의 체류기간을 계산함에 있어 1년간 국내에서 체류한 총 일수가 30일 이상 90일 미만인 경우는 그 일수를 공제하고 90일 이상인 경우는 계속하여 외국에 체류한 것으로 보지 않는다. 즉, 어떤 사람이 2년간 미국에서 체류를 하였는데, 그 기간 동안에 출산을 했더라도 1달 동안 국내에 체류했다면 1년 11개월만 외국에서 체류한 것으로 인정되며, 1년에 90일 이상 국내에 체류했다면 1년만 해외에서 체류한 것으로 인정되어 원정출산에 해당된다.

또한 국적업무처리지침에는 국적법 시행령 제17조 제3항 제3호에 규정되어 있는 '자녀의 출생 당시 유학·공무파견·국외주재·취업 등 사회통념상 상당한 사유'를 구체적으로 정하고 있다.

결론적으로 원정출산으로 외국 국적을 취득한 남자는 병역의무 이행 전(前)에는 한국 국적을 포기할 수 없으며, 병역의무를 이행한 후에라도 한국이나 외국 국적 중 어느 하나만을 선택해야 한다. 즉, 복수 국적의 혜택을 누릴 수 없는 것이다. 그래서 원정출산자

국적법 2010.5.4 일부개정, 2011.1.1 시행

제13조(대한민국 국적의 선택 절차) ① 복수국적자로서 제12조 제1항 본문에 규정된 기간 내에 대한민국 국적을 선택하려는 자는 외국 국적을 포기하거나 법무부장관이 정하는 바에 따라 대한민국에서 외국 국적을 행사하지 아니하겠다는 뜻을 서약하고 법무부장관에게 대한민국 국적을 선택한다는 뜻을 신고할 수 있다.
② 생략
③ 제1항 및 제2항 단서에도 불구하고 출생 당시에 모가 자녀에게 외국 국적을 취득하게 할 목적으로 외국에서 체류 중이었던 사실이 인정되는 자는 외국 국적을 포기한 경우에만 대한민국 국적을 선택한다는 뜻을 신고할 수 있다.

국적법 시행령 2010.5.4 일부개정, 2011.1.1 시행

제17조(대한민국 국적의 선택 절차 등) ① ~ ② 생략
③ 법 제13조 제3항에서 "출생 당시에 모가 자녀에게 외국 국적을 취득하게 할 목적으로 외국에서 체류 중이었던 사실이 인정되는 자"란 국내에 생활기반을 두고 있는 모가 임신한 후 자녀의 외국 국적 취득을 목적으로 출국하여 외국에서 체류하는 동안에 출생한 사람을 말한다. 다만, 부 또는 모가 다음 각 호의 어느 하나에 해당하는 사람은 제외한다.
1. 자녀의 출생 전후를 합산하여 2년 이상 계속하여 외국에서 체류한 경우
2. 자녀의 출생 전후에 외국의 영주권 또는 국적을 취득한 경우
3. 자녀의 출생 당시 유학, 공무파견, 해외주재, 취업 등 사회통념상 상당한 사유로 법무부장관이 정하는 기간 동안 외국에서 체류한 경우

> **국적업무처리지침 2011.1.6 일부개정, 2011.1.6 시행**
>
> **제14조의2(원정출산 제외기준)** ① 영 제17조 제3항 제1호에서 규정한 "2년 이상 계속하여 외국에서 체류한 경우"의 체류 기간을 계산함에 있어 1년 간 국내에서 체류한 총 일수가 30일 이상 90일 미만인 경우는 그 일수를 공제하고 90일 이상인 경우는 계속하여 외국에 체류한 것으로 보지 아니한다.
> ② 영 제17조 제3항 제3호에서 규정한 "자녀의 출생 당시 유학, 공무파견, 해외주재, 취업 등 사회통념상 상당한 사유로 법무부장관이 정하는 기간 동안 외국에서 체류한 경우"라 함은 다음 각 호의 어느 하나에 해당하는 경우를 말한다.
> 1. 외국의 정규대학에 입학하여 자녀의 출생을 전후하여 6개월 이상 수학한 사람(그 밖에 교육기관에서의 어학연수 등은 1년 이상 수학)
> 2. 국내의 기업이나 단체에 1년 이상 재직한 자로서 그 기업이나 단체의 외국에 소재한 지사 등에 파견(전근)명령을 받아 자녀의 출생을 전후하여 6개월 이상 근무한 사람
> 3. 「국가공무원법」 및 「지방공무원법」에 따른 공무원으로서 외국에 공무상 파견명령을 받아 자녀의 출생을 전후하여 6개월 이상 근무한 사람
> 4. 외국에 소재한 기업이나 단체에 고용되어 자녀의 출생을 전후하여 1년 이상 근무한 사실이 있는 사람(외국에서 1년 이상 자영업을 영위한 사실이 있는 사람 포함)

가 만약 한국 국적을 선택한다면 돈을 들여 원정출산을 한 의미가 없어지고 외국 국적을 선택한다면 한국에서 대한민국 국민으로서 누릴 수 있는 여러 가지 권리를 포기해야만 한다.

국적법 시행령 제17조 제 3 항 제 3 호에 따른 유학·공무파견·국외주재·취업 등 사회통념상 상당한 사유 등으로 출생한 남자는 병역의무를 이행한 후에 대한민국에서 외국 국적을 행사하지 아니하겠다는 뜻을 서약하면 복수국적자로 생활할 수 있는 혜택이 있다.

그리고 직계존속이 외국에서 영주할 목적으로 체류한 상태에서 출생한 남자는 국적법 제12조에 따라 제 1 국민역에 편입되기 전에 한국 국적을 포기하고 군 입대를 하지 않을 수 있으며, 대한민국에서 외국 국적을 행사하지 아니하겠다는 뜻을 서약하면 복수국적자로 국내에서 국민의 권리를 누리며 살아갈 수도 있다.

앞서 설명한 내용과 같이 원정출산과 원정출산이 아닌 경우는 명확히 구분된다. 고위공직자가 원정출산을 했다면 인사검증과정에서 상당한 불이익을 받을 수밖에 없다. 특히 소위 '홍준표 법안'이 시행되기 전인 2005년 이전에 원정출산에 의한 아들이 있다면 병역기피 의도를 추정할 수 있어 자질에 의심을 받게 된다. 비록 지금은 국적법 개정으로 원정출산으로 인한 병역기피가 불가능하게 되었고 복수국적도 허용되지 않지만, 원정출산은 국민들의 정서상 반감이 크기 때문에 고위공직자의 자질에 시빗거리가 될 수밖에 없다.

원정출산 여부를 가려내는 것은 의외로 간단하다. 당사자의 출입국 자료와 학위취득·인사기록카드 등을 서로 비교하면 금방 원정출산 여부를 알 수 있다.

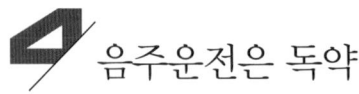# 음주운전은 독약

　도로교통법 제44조 제1항에는 '누구든지 술에 취한 상태에서 자동차 등을 운전하여서는 아니 된다'로 규정하고 있고, 동조 제4항에 의하면 운전이 금지되는 술에 취한 상태의 기준은 혈중알코올농도가 0.05퍼센트 이상이다. 또한 동법 제148조의2에는 제44조 제1항을 위반하여 술에 취한 상태에서 자동차 등을 운전한 사람에게 3년 이하의 징역이나 1천만 원 이하의 벌금에 처하도록 규정하고 있다.

　음주운전은 본인뿐만 아니라 타인에게도 생명을 위협하는 중요한 범죄행위이며, 별다른 범죄의식 없이 쉽게 습관적으로 저지르는 행위이기 때문에 음주운전을 근절할 풍토를 조성하기 위해 음주운전 경력이 있는 공직후보자에게는 의외로 강력한 불이익을 주고 있다.

지금은 상당히 줄어들었으나 과거에 음주운전으로 처벌을 받은 공직후보자들이 다수 발견된다. 어떤 공직후보자는 '음주운전에 면허취소, 무면허운전, 음주에 무면허운전'을 한 경우도 있었다. 소주 1잔을 먹어도 체질에 따라 혈중 알코올농도가 기준 이상으로 나오는 경우가 있다. 술이 예상되는 자리는 아예 차를 몰고 가지 않는 것이 좋으며 대리운전도 좋은 방법이다. 고위공직자가 되려면 음주운전은 무조건 하지 않는 것이 최선일 것이다. 이는 공직자뿐만 아니라 민간인도 마찬가지이며, 공직자에게는 좀 더 엄격한 잣대를 들이댄다.

그리고 음주운전 당사자가 공직자인 경우 음주사실이 본인 소속 기관에 알려져 불이익을 받을까봐 무직이나 회사원 등으로 신분을 속이는 경우가 종종 있다. 왜 신분을 속였느냐고 물으면 답변은 각양각색이다. 경찰이 시켜서 그랬다는 사람도 있고, 본인은 가만히 있었는데 경찰이 알아서 조서에 무직으로 적었다는 사람도 있다. 대한민국 경찰이 범죄자의 신분을 숨기도록 유도했다는 말은 도무지 믿을 수가 없다.

어쨌든 음주운전 적발 당시에는 신분을 속일 수 있을지 몰라도 결국 자신의 신분이 드러나기 마련이다. 만약 음주운전 후 경찰 조사에서 신분을 속인 것이 나중에 들통 난다면 인사검증 과정에서 더 큰 불이익을 받을 가능성이 크기 때문에 음주운전 조사과정에

> **도로교통법, 현행**
>
> **제44조(술에 취한 상태에서의 운전금지)** ① 누구든지 술에 취한 상태에서 자동차 등(「건설기계관리법」 제26조 제1항 단서의 규정에 의한 건설기계 외의 건설기계를 포함한다. 이하 이 조, 제45조, 제47조, 제93조 제1항 제1호 내지 제4호 및 제148조의2에서 같다)을 운전하여서는 아니된다.
> ② ~ ③ 생략
> ④ 제1항의 규정에 따라 운전이 금지되는 술에 취한 상태의 기준은 혈중알코올농도가 0.05퍼센트 이상으로 한다.

Ⅰ 공무원 음주사건 징계양정 기준 Ⅰ

유 형	처리기준
1. 면허정지(최초)	경 고
2. 공무원 신분을 속인 경우(면허정지 1회) 3. 음주운전(면허정지 이상)으로 인한 면허정지·취소 상태에서의 무면허운전 4. 면허취소(최초) 5. 면허정지 2회 받거나 정지처분과 취소처분 각 1회 6. 음주운전으로 인적·물적 피해가 있는 교통사고	경징계
7. 면허취소(2회) 8. 면허정지(3회 이상) 9. 면허정지(2회) 및 면허취소(1회) 10. 음주운전(면허정지 이상)으로 인적·물적 피해를 발생시킨 후 필요한 조치를 취하지 않고 도주 11. 음주운전으로 사망사고 발생 12. 면허정지·취소상태에서의 무면허 음주운전	중징계

서 자신의 신분을 속이면 안 된다.

행정안전부의 '국가공무원 복무·징계 관련 예규' 제12장 '공무원의 음주운전사건 징계양정기준'에는 공무원이 음주운전으로 면허정지 처분을 받는 경우에 '경고' 조치를 하도록 되어 있으나, 만약 신분을 속인 경우에는 '경징계'를 내리도록 가중처벌 기준을 두고 있다.

가장 흔한 국민연금법·건강보험법 위반

1. 국민연금

　국민연금법 제 6 조에 따라 국내에 거주하는 18세 이상 60세 미만인 국민은 모두 국민연금 가입 대상이다. 다만, 공무원, 군인 및 사립학교 교직원 등은 예외이다.

　일반적으로 직장에 다니는 사람이 가입하게 되는 사업장 가입자들은 대부분 국민연금법을 잘 지키고 있다.

　문제는 지역가입자이다.

　동법 제 9 조에 의하면 사업장 가입자가 아닌 사람은 당연히 지역가입자가 되어야 하나 사업장 가입자 혹은 지역가입자의 '무소득' 배우자인 경우에 지역가입자에 가입하지 않아도 된다. 그런데 공직후보자의 배우자가 소득이 있는데도 불구하고 지역가입자로 가입하지 않고 있는 경우가 많이 발견된다. 그 중에서 배우자 명의의 부동산을 임대하고 있어 소득이 있는데도 지역가입자로 가입하지 않는 사례가 가장 많다.

국민연금법 시행령 제3조에 의하면 지역가입자 대상이 되는 소득의 범위는 '농업·임업·어업·근로소득과 사업소득'으로 규정하고 있다. 소득세법 제19조에 의하면 부동산 임대업에서 발생하는 소득은 당연히 사업소득의 일종이다. 또한 사업소득에는 제조업이나 음식점업뿐만 아니라 출판·영상 등에서 발생하는 소득 등 영리목적의 활동을 통해 얻는 소득은 모두 포함되기 때문에 비록 정기적으로 발생하는 소득이 아니어도 지역가입자로 가입해야 한다.

여기에서 하나 알아두어야 할 점은 이자소득은 사업소득이 아니라는 점이다. 배우자에게 이자소득만 있다면 그 금액이 아무리 많아도 지역가입자가 되지 않아도 된다. 또 하나 중요한 점은 국민연금 가입은 동법 제21조에 따라 소득이 발생하여 지역가입자의 자격이 있으면 본인 스스로 국민연금공단에 신고해야 한다는 것이다. 2006년 국회 인사청문회에서 장관 후보자가 직장에서 퇴직한 이후에 인세수입 등으로 소득이 있었음에도 공단에 신고를 하지 않고 보험료도 내지 않아 국민연금법 위반 논란이 있었다.

다음은 일용직이나 아르바이트 또는 인턴직원이나 대학시간강사 등이 사업장 가입자가 될 수 있는지에 대해 알아보도록 하겠다.

국민연금법 제8조와 동법 시행령 제19조에 의하면 1명 이상의 근로자를 사용하는 사업장의 18세 이상 60세 미만인 근로자와 사용자는 당연히 사업장 가입자가 된다. 문제는 일용직이나 아르바이트 또는 인턴직원이나 대학시간강사도 근로자에 포함되느냐이다.

이들이 근로자에 포함되면 사업장 가입자가 되어야 하며, 그렇지 않으면 지역가입자가 되어야 한다. 국민연금법 시행령 제2조에 의하면 근로자에서 제외되는 경우를 「① 일용근로자나 1개월 미만의 기한을 정하여 사용되는 근로자. 다만, 1개월 이상 계속 사용되는 경우는 그러하지 아니하다. ② 소재지가 일정하지 아니한 사업장에 종사하는 근로자, ③ 법인의 이사 중 제3조 제1항 제2호에 따른 소득이 없는 사람, ④ 1개월 동안의 소정근로시간이 60시간 미만인 단시간근로자. 다만, 해당 단시간근로자 중 생업을 목적으로 3개월 이상 계속하여 근로를 제공하는 사람으로서, 대학시간강사와 사용자의 동의를 받아 근로자로 적용되기를 희망하는 사람인 경우에는 제외한다.」로 규정하고 있다.

따라서 근로계약기간이 1개월 이상이고 월 60시간 이상 근무하는 경우에는 일용직이나 아르바이트직 여부에 관계없이 모두 사업장 가입자로 가입해야 한다.

다만, 대학시간강사의 경우는 현재 시행령이 개정되기 전인 2010년 8월까지는 상시근로자로 인정되지 않아 사업장 가입자로 가입할 수 없고 지역가입자가 되어야 했기 때문에 불만이 많았다.

당시 대학시간강사로 재직하면서 지역가입자에 가입도 하지 않아서 가끔 문제가 된 사례들이 있었다.

　어떤 공직자는 배우자와 딸이 약 3년간 각각 시간강사로 불규칙하게 근무하면서 얼마의 소득이 있었다. 그렇지만 그들은 고정적인 수입이 아니라고 해서 지역가입자에 가입하지 않고 무소득자로 남아 있었다. 이러한 경우 엄격히 따지면 국민연금법 위반이다.

국민연금법, 현행

제3조(정의 등) ① 이 법에서 사용하는 용어의 뜻은 다음과 같다.
1. "근로자"란 직업의 종류가 무엇이든 사업장에서 노무를 제공하고 그 대가로 임금을 받아 생활하는 자(법인의 이사와 그 밖의 임원을 포함한다)를 말한다. 다만, 대통령령으로 정하는 자는 제외한다.
2. 생략
3. "소득"이란 일정한 기간 근로를 제공하여 얻은 수입에서 대통령령으로 정하는 비과세소득을 제외한 금액 또는 사업 및 자산을 운영하여 얻는 수입에서 필요경비를 제외한 금액을 말한다. 이 경우 국민연금가입자(이하 "가입자"라 한다)의 종류에 따른 소득 범위는 대통령령으로 정한다.

제6조(가입 대상) 국내에 거주하는 국민으로서 18세 이상 60세 미만인 자는 국민연금 가입 대상이 된다. 다만, 「공무원연금법」, 「군인연금법」 및 「사립학교교직원 연금법」을 적용받는 공무원, 군인 및 사립학교 교직원, 그 밖에 대통령령으로 정하는 자는 제외한다.

제8조(사업장가입자) ① 사업의 종류, 근로자의 수 등을 고려하여 대통령령으로 정하는 사업장(이하 "당연적용사업장"이라 한다)의 18세 이상 60세 미만인 근로자와 사용자는 당연히 사업장가입자가 된다. 다만, 다음 각 호의 어느 하나에 해당하는 자는 제외한다.
1. 「공무원연금법」, 「사립학교교직원 연금법」 또는 「별정우체국법」에 따른 퇴직연금, 장해연금 또는 퇴직연금일시금이나 「군인연금법」에 따른 퇴역연금, 상이연금, 퇴역연금일시금을 받을 권리를 얻은 자(이하 "퇴직연금등수급권자"라 한다). 다만, 퇴직연금등수급권자가 「국민연금과 직역연금의 연계에 관한 법률」 제8조에 따라 연계 신청을 한 경우에는 그러하지 아니하다.

제9조(지역가입자) 제8조에 따른 사업장가입자가 아닌 자로서 18세 이상 60세 미만인 자는 당연히 지역가입자가 된다. 다만, 다음 각 호의 어느 하나에 해당하는 자는 제외한다.
1. 다음 각 목의 어느 하나에 해당하는 자의 배우자로서 별도의 소득이 없는 자
   가. 제6조 단서에 따라 국민연금 가입 대상에서 제외되는 자
   나. 사업장가입자, 지역가입자 및 임의계속가입자
   다. 별정우체국 직원
   라. 노령연금 수급권자 및 퇴직연금등수급권자
2. 퇴직연금등수급권자. 다만, 퇴직연금등수급권자가 「국민연금과 직역연금의 연계에 관한 법률」 제8조에 따라 연계 신청을 한 경우에는 그러하지 아니하다.
3. 18세 이상 27세 미만인 자로서 학생이거나 군 복무 등의 이유로 소득이 없는 자(연금보험료를 납부한 사실이 있는 자는 제외한다)
4. 「국민기초생활 보장법」에 따른 수급자

5. 1년 이상 행방불명된 자. 이 경우 행방불명된 자에 대한 인정 기준 및 방법은 대통령령으로 정한다.

제21조(신고) ① 사업장가입자의 사용자는 보건복지부령으로 정하는 바에 따라 당연적용사업장에 해당된 사실, 사업장의 내용 변경 및 휴업·폐업 등에 관한 사항과 가입자 자격의 취득·상실, 가입자의 소득월액 등에 관한 사항을 국민연금공단에 신고하여야 한다.
② 지역가입자, 임의가입자 및 임의계속가입자는 보건복지부령으로 정하는 바에 따라 자격의 취득·상실, 이름 또는 주소의 변경 및 소득에 관한 사항 등을 국민연금공단에 신고하여야 한다.

국민연금법 시행령, 현행

제 2 조(근로자에서 제외되는 사람) 「국민연금법」(이하 "법"이라 한다) 제 3 조 제 1 항 제 1 호 단서에 따라 근로자에서 제외되는 사람은 다음과 같다.
1. 일용근로자나 1개월 미만의 기한을 정하여 사용되는 근로자. 다만, 1개월 이상 계속 사용되는 경우는 그러하지 아니하다.
2. 소재지가 일정하지 아니한 사업장에 종사하는 근로자
3. 법인의 이사 중 제 3 조 제 1 항 제 2 호에 따른 소득이 없는 사람
4. 1개월 동안의 소정근로시간이 60시간 미만인 단시간근로자. 다만, 해당 단시간근로자 중 생업을 목적으로 3개월 이상 계속하여 근로를 제공하는 사람으로서, 다음 각 목의 어느 하나에 해당하는 사람은 제외한다. 〈2010.8.17 신설〉
  가. 「고등교육법 시행령」 제 7 조 제 3 호에 따른 시간강사
  나. 사용자의 동의를 받아 근로자로 적용되기를 희망하는 사람

제3조(소득의 범위) ① 생략
② 지역가입자와 지역가입자의 요건을 갖춘 임의계속가입자(이하 "지역임의계속가입자"라 한다)의 법 제3조 제1항 제3호에 따른 소득의 범위는 다음 각 호의 것으로 하되, 해당 가입자의 소득이 둘 이상이면 합하여 계산한 것으로 한다.

1. 농업 소득
   경종업, 과수·원예업, 양잠업, 종묘업, 특수작물 생산업, 가축의 사육업, 종축업 또는 부화업과 이에 따른 업무에서 얻는 소득
2. 임업 소득
   영림업, 임산물 생산업 또는 야생 조수 사육업과 이에 따른 업무에서 얻는 소득
3. 어업 소득
   어업과 이에 따른 업무에서 얻는 소득
4. 근로소득
   제1항 제2호에 따른 소득
5. 사업소득
   「소득세법」 제19조 제2항에 따른 사업소득 금액

제19조(당연적용사업장) ① 법 제8조 제1항에 따른 당연적용사업장은 다음 각 호의 어느 하나에 해당하는 사업장으로 한다.
1. 1명 이상의 근로자를 사용하는 사업장
2. 주한 외국 기관으로서 1명 이상의 대한민국 국민인 근로자를 사용하는 사업장

소득세법, 현행

제19조(사업소득) ① 사업소득은 해당 과세기간에 발생한 다음 각 호의 소득으로 한다.

1. 농업(작물재배업은 제외한다. 이하 같다)·임업 및 어업에서 발생하는 소득
2. 광업에서 발생하는 소득
3. 제조업에서 발생하는 소득
4. 전기, 가스, 증기 및 수도사업에서 발생하는 소득
5. 하수·폐기물처리, 원료재생 및 환경복원업에서 발생하는 소득
6. 건설업에서 발생하는 소득
7. 도매 및 소매업에서 발생하는 소득
8. 운수업에서 발생하는 소득
9. 숙박 및 음식점업에서 발생하는 소득
10. 출판, 영상, 방송통신 및 정보서비스업에서 발생하는 소득
11. 금융 및 보험업에서 발생하는 소득
12. 부동산업 및 임대업에서 발생하는 소득. 다만, 지역권 등 대통령령으로 정하는 권리를 대여함으로써 발생하는 소득은 제외한다.
13. 전문, 과학 및 기술서비스업(대통령령으로 정하는 연구개발업은 제외한다. 이하 같다)에서 발생하는 소득
14. 사업시설관리 및 사업지원서비스업에서 발생하는 소득
15. 교육서비스업(대통령령으로 정하는 교육기관은 제외한다. 이하 같다)에서 발생하는 소득
16. 보건업 및 사회복지서비스업(대통령령으로 정하는 사회복지사업은 제외한다. 이하 같다)에서 발생하는 소득
17. 예술, 스포츠 및 여가 관련 서비스업에서 발생하는 소득
18. 협회 및 단체(대통령령으로 정하는 협회 및 단체는 제외한다. 이하 같다), 수리 및 기타 개인서비스업에서 발생하는 소득

> 19. 가구내 고용활동에서 발생하는 소득
> 20. 제1호부터 제19호까지의 규정에 따른 소득과 유사한 소득으로서 영리를 목적으로 자기의 계산과 책임하에 계속적·반복적으로 행하는 활동을 통하여 얻는 소득
> ② 사업소득금액은 해당 과세기간의 총수입금액에서 이에 사용된 소요경비를 공제한 금액으로 하며, 필요경비가 총수입금액을 초과하는 경우 그 초과하는 금액을 "결손금"이라 한다.

2. 국민건강보험

국민건강보험법 제5조와 제6조에 따라 국내에 거주하는 대부분의 국민은 건강보험 가입자 또는 피부양자가 되어야 하며, 건강보험 가입자는 직장가입자와 지역가입자로 나누어진다. 국민건강보험법에서 항상 문제가 되는 것이 피부양자의 자격 논란이다. 건강보험 가입자의 피부양자는 별도의 보험료를 내지 않고 건강보험 혜택을 받을 수 있다. 그런데 피부양자의 자격이 없으면서 피부양자로서 혜택을 누리고 있다면 이는 건강보험의 재정을 악화시키고 본인이 부담해야 할 보험료를 타인에게 떠넘기게 되는 결과를 가져오기 때문에 비난의 대상이 될 뿐만 아니라 국민건강보험법을 위반하게 된다.

국민건강보험법상의 피부양자는 동법 제5조 제2항에 의해 '가입자에 의해 주로 생계를 유지하는 보수 또는 소득이 없는 가족'을

말하며 가족의 구체적인 범위는 「① 직장가입자의 배우자, ② 직장가입자의 직계존속(배우자의 직계존속을 포함한다), ③ 직장가입자의 직계비속(배우자의 직계비속을 포함한다) 및 그 배우자, ④ 직장가입자의 형제·자매」로 한정하고 있다.

다시 말하면 가족 중에서 피부양자가 될 수 있는 가장 기본적인 조건이 보수 또는 소득이 없어야 한다. 국민건강보험법에서 말하는 '보수 또는 소득이 없는'의 의미는 1원이라도 소득이 없는 상태를 말하는 것은 아니다.

보건복지부 고시인 '피부양자 인정기준'에 의하면 「① 소득세법 제4조 제1항 제1호의 규정에 의한 종합소득 중 이자소득과 배당소득의 연간합계액이 4천만 원 이하인 자, ② 사업자등록이 되어 있지 않는 자로서 종합소득 중 사업소득과 부동산 임대소득의 연간 합계액이 500만 원 이하인 자, ③ 사업자등록이 되어 있는 자로서 소득세법 규정에 의한 종합소득 중 사업소득 및 부동산 임대소득이 없는 자」 등을 피부양자로 규정하고 있다. 즉, 이를 쉽게 설명하면 이자소득과 배당소득의 연간 합계액이 4천만 원 이상인 가족, 사업자등록을 하지 않고 부동산 임대소득 등이 500만 원 이상인 가족, 사업자등록을 했으면 조금이라도 소득이 있는 가족은 피부양자로 인정될 수 없으며, 별도의 지역가입자로 가입해야만 한다.

그런데도 사업자등록을 하지 않고 아파트나 상가 등을 월세로 임대하면서 연간 임대소득이 500만 원이 넘는 배우자 등을 피부양자로 등재하여 보험료 혜택을 받는 사례가 상당히 많다. 부친이 정

국민건강보험법, 현행

제 5 조(적용대상 등) ① 국내에 거주하는 국민으로서 다음 각호의 1에 해당하는 자 외의 자는 이 법에 의한 건강보험(이하 "건강보험"이라 한다)의 가입자(이하 "가입자"라 한다) 또는 피부양자가 된다.
1. 「의료급여법」에 따라 의료급여를 받는 자(이하 "수급권자"라 한다)
2. 「독립유공자예우에 관한 법률」 및 「국가유공자 등 예우 및 지원에 관한 법률」에 의하여 의료보호를 받는 자(이하 "유공자등의료보호대상자"라 한다). 다만, 다음 각목의 1에 해당하는 자는 그러하지 아니하다.
    가. 유공자등의료보호대상자 중 건강보험의 적용을 보험자에게 신청한 자
    나. 건강보험의 적용을 받고 있던 자가 유공자등의료보호대상자가 된 경우로서 보험자에게 건강보험의 적용배제신청을 하지 아니한 자
② 제 1 항의 피부양자는 다음 각호의 1에 해당하는 자 중 직장가입자에 의하여 주로 생계를 유지하는 자로서 보수 또는 소득이 없는 자를 말한다.
1. 직장가입자의 배우자
2. 직장가입자의 직계존속(배우자의 직계존속을 포함한다)
3. 직장가입자의 직계비속(배우자의 직계비속을 포함한다) 및 그 배우자
4. 직장가입자의 형제·자매
③ 제 2 항의 규정에 의한 피부양자 자격의 인정기준, 취득·상실시기 기타 필요한 사항은 보건복지부령으로 정한다.

피부양자 인정기준, 현행

제 2 조(피부양자 인정요건) 이 규정에 의한 피부양자가 되기 위하여

다음 각 호의 요건을 충족하여야 한다.
1. 법 제 5 조 제 2 항 및 규칙 제 2 조 제 1 항의 규정에 의한 부양 요건
2. 소득요건(보수 또는 소득이 없는 자)

제 3 조(소득요건 인정기준) ① 제 2 조 제 2 호의 규정에 의한 소득 요건(보수 또는 소득이 없는 자)은 다음 각 호의 어느 하나에 해당 되는 자(재외국민 및 외국인을 포함한다)를 말한다. 다만, 소득세법 제 4 조 제 1 항 제 1 호의 규정에 의한 종합소득 중 이자소득과 배당소득의 연간 합계액이 4천만 원 이하인 자에 한한다.
4. 사업자등록이 되어 있지 않는 자로서 소득세법 제 4 조 제 1 항 제 1 호의 규정에 의한 종합소득 중 사업소득과 부동산임대소득의 연간 합계액이 500만 원 이하인 자
5. 사업자등록이 되어 있는 자로서 소득세법 제 4 조 제 1 항 제 1 호의 규정에 의한 종합소득 중 사업소득 및 부동산임대소득이 없는 자
6. 생략

② 피부양자로 되고자 하는 자가 기혼자인 경우 부부 모두 제 1 항의 규정을 충족하여야 한다.

년퇴임하고 부동산 임대를 하고 있으면서도 공직자 아들의 피부양자로 있는 사례도 많이 있다. 이러한 경우는 당연히 국민건강보험법 위반이며 불이익을 받을 수밖에 없다.

영리활동·겸직을 할 때는 조심해야

　국가공무원법 제64조에는 '공무원은 공무 외에 영리를 목적으로 하는 업무에 종사하지 못하며 소속 기관장의 허가 없이 다른 직무를 겸할 수 없다.'로 규정하여 공무원의 영리업무를 금지하고 있으며, 겸직도 소속기관장의 허가를 얻은 경우에만 할 수 있도록 되어 있다.

　그리고 공무원 복무규정 제25조에 영리업무의 범위를 「① 공무원이 상업·공업·금융업 기타 영리적인 업무를 스스로 경영하여 영리를 추구함이 현저한 업무, ② 공무원이 상업·공업·금융업 기타 영리를 목적으로 하는 사기업체의 이사·감사업무를 집행하는 무한책임사원·지배인·발기인 기타의 임원이 되는 것, ③ 그의 직무와 관련이 있는 타인의 기업에 투자하는 행위, ④ 기타 계속적으로 재산상의 이득을 목적으로 하는 업무를 행하는 것」으로 규정하고 있다.

공무원 복무규정 제26조에는 겸직업무의 허가는 담당직무 수행에 지장이 없는 경우에만 가능하도록 규정하고 있다. 이러한 영리업무 및 겸직금지 규정을 일반 공무원들은 거의 대부분 잘 지키고 있으나 교육공무원인 국·공립대학교 교수들의 경우 이를 위반하는 사례가 상당히 많이 발견된다. 교육공무원들도 국가공무원법의 적용을 받기 때문에 당연히 영리업무 및 겸직금지 규정을 준수해야 한다.

경험상 국립대 교수들이 상당수가 기관장 사전허가 없이 겸직을 하고 있다고 추측된다. 모 국립대 교수는 공공기관 이사·위원회 위원 등 10여 개의 직위를 겸직하고 있었지만, 대학총장으로부터 겸직허가를 한 건도 받지 않고 활동하고 있었다. 아무리 관행이라고 하더라도 모두 국가공무원법 위반사항이다. 공조직이든 사조직이든 구분 없이 무슨 위원회·재단 등에서 직책을 맡는 것들이 모두 겸직에 해당하기 때문에 반드시 기관장의 사전허가를 받아야 한다.

사립대학교도 대부분 내부적으로 교직원 복무규정 등을 통해 대학교수들의 겸직금지 조항을 두고 있기 때문에 이를 지키지 않으면 인사검증과정에서 불이익을 받을 수밖에 없다.

공기업이나 준정부기관과 같은 공공기관의 임원들도 영리업무

국가공무원법, 현행

제64조(영리업무 및 겸직금지) ① 공무원은 공무 외에 영리를 목적으로 하는 업무에 종사하지 못하며 소속 기관장의 허가 없이 다른 직무를 겸할 수 없다.
② 제1항에 따른 영리를 목적으로 하는 업무의 한계는 국회규칙, 대법원규칙, 헌법재판소규칙, 중앙선거관리위원회규칙 또는 대통령령으로 정한다.

국가공무원 복무규정, 현행

제25조(영리업무의 금지) 공무원은 다음 각 호의 어느 하나에 해당하는 업무에 종사함으로써 공무원의 직무 능률을 떨어뜨리거나, 공무에 대하여 부당한 영향을 끼치거나, 국가의 이익과 상반되는 이익을 취득하거나, 정부에 불명예스러운 영향을 끼칠 우려가 있는 경우에는 그 업무에 종사할 수 없다.
1. 공무원이 상업, 공업, 금융업 또는 그 밖의 영리적인 업무를 스스로 경영하여 영리를 추구함이 뚜렷한 업무
2. 공무원이 상업, 공업, 금융업 또는 그 밖에 영리를 목적으로 하는 사기업체(私企業體)의 이사·감사 업무를 집행하는 무한책임사원·지배인·발기인 또는 그 밖의 임원이 되는 것
3. 공무원 본인의 직무와 관련 있는 타인의 기업에 대한 투자
4. 그 밖에 계속적으로 재산상 이득을 목적으로 하는 업무

제26조(겸직 허가) ① 공무원이 제25조의 영리 업무에 해당하지 아니하는 다른 직무를 겸하려는 경우에는 소속 기관의 장의 사전 허가를 받아야 한다.
② 제1항의 허가는 담당 직무 수행에 지장이 없는 경우에만 한다.

> ③ 제1항에서 "소속 기관의 장"이란 고위공무원단에 속하는 공무원 이상의 공무원에 대해서는 임용제청권자, 3급 이하 공무원 및 기능직공무원에 대해서는 임용권자를 말한다.

및 겸직금지 규정을 준수하지 않아서 불이익을 받는 경우가 종종 있다.

모 전직 고위간부의 경우 공공기관의 기관장으로 재직하면서 허가 없이 비슷한 기간 동안 4개 민간기업에 사외이사로 겸직하면서 연간 1억 원 이상의 보수를 받은 사실이 드러나 고위공직후보자로서 상당한 불이익을 받은 사례도 있었다.

7 논문표절은 이제 그만

　학회나 전문가들마다 조금씩 다르지만 일반적으로 연구윤리 위반을 나타내는 용어로는 위조, 변조, 왜곡, 표절, 자기표절, 중복게재, 짜깁기, 기여 없는 저자표시, 토막논문 등이 있다.
　'위조'는 존재하지 않은 데이터나 연구결과를 허위로 만들고 이를 기록하거나 보고하는 행위를 말하며, '변조'는 연구과정 조작, 연구결과를 변경 혹은 누락시켜 연구내용이 진실에 부합하지 않도록 하는 행위를 말한다.
　'왜곡'은 고의적으로 연구데이터의 일부를 과장하거나 축소하여 진실하지 않은 결론에 도달하게 하는 행위를 말하며, '표절'은 타인의 창작물을 자신의 것인 것처럼 부당하게 이용하거나 자신의 기존 창작물을 다시 이용함으로써 새로운 창작물로 보이게 하는 학문적 부정행위를 말한다.

'자기표절'은 표절의 일종으로 자신의 과거 창작한 저작물의 전부 및 일부를 새로 창작하는 저작물에 다시 이용하면서 정당한 방법으로 출처 표시를 하지 않은 행위를 말하며, '중복게재'는 자기표절과 유사한 용어로 처음 게재한 학술지 편집 책임자의 허락 없이 자신의 동일 및 실질적 유사 논문을 2개 이상의 학술지에 게재하거나 제목을 바꾸어서 2개 이상의 학술지에 게재한 행위를 말한다.

'짜깁기'란 자신이 아닌 타인들의 저작물의 일부를 인용하면서 인용표시를 하였더라도, 창작성이 없이 수개의 저작물을 편집한 데 불과한 행위를 말하며, '기여 없는 저자표시'란 저작물의 창작에 기여 없이 또는 기여한 범위를 넘어서 저자로 표시하는 것을 말한다.

마지막으로 '토막논문'은 하나의 저작물로 발표해야 할 내용을 여러 저작물로 고의로 나눈 저작물을 말한다.

이러한 연구윤리 위반행위 중에서 가장 많이 발견되는 사례가 표절이다. 일반적으로 표절이라는 용어에는 자기표절과 중복게재의 의미도 함께 포함한다. 표절로 판단하는 기준은 여섯 단어 이상의 연쇄 표현이 일치하는 경우로서 출처표시가 없는 경우와 생각의 단위가 되는 명제 또는 데이터가 동일 또는 본질적으로 유사한 경우로서 출처표시가 없는 경우이다.

인사검증과정에서 연구윤리 위반내용이 발견되었을 때 그 위반내용의 경중에 따라 불이익을 받게 된다. 보통 자신의 논문을 학술지 등에 중복게재한 경우는 경미한 표절로 취급한다. 그러나 경미한 표절이라고 할지라도 해당 저작물을 학회 등에 제출하여 승진이나 취업 또는 가산점 부여 등 자신의 이익을 취하고 있을 때에는 중(重)한 표절로 여긴다.

중한 표절의 유형으로는 「① 양이나 질에 있어서 현저히 남의 표현이나 아이디어를 출처 표시 없이 가져다 자기 것으로 표방해 쓴 경우, ② 소재의 선택이나 배열의 창작성이 인정되지 않는 현저한 짜깁기, ③ 대필 등 기여 없는 저자표시, ④ 저작권 침해로 확정된 판결을 받은 경우 또는 고소가 있었더라면 저작권 침해가 인정될 수 있었을 것으로 판단되는 경우」 등이다.

국내에서 논문표절 등 연구윤리 문제가 본격적으로 거론된 것은 2005년 연말 황우석 교수의 논문조작 의혹과 2006년 김병준 교육부총리 후보자 인사청문회 과정에서 불거진 논문표절 논란을 거치면서이다. 그 전까지는 연구자가 논문을 작성할 때 또는 학회 및 대학이 연구부정 행위 등을 판단할 때 참고할 수 있는 자료가 거의 없었으며, 특히 중복게재와 같은 자기표절은 학계에서 별 문제의식 없이 광범위하게 통용되고 있었다.

교육부에서는 이러한 문제점을 인식하고 외부기관에 용역을 주어 그 결과를 토대로 '연구윤리 위반 가이드라인'을 2008년 발표할 예정이었다. 그렇지만, 몇 년도부터 발표된 논문을 연구윤리 위반 판단 대상으로 할지 등에 대해 논란을 겪다가 결국 연구윤리위반에 대한 적발·규제 등은 학계에서 자체적으로 규정하고 정화해 나가야 할 사안이지 국가가 개입할 내용이 아니라는 결론을 내렸고, 결국 정부차원의 가이드라인 발표는 무산되었다.

사실 연구윤리라는 개념조차 희박했던 '70~'80년대 발표된 논문을 가지고 표절논란을 일으키는 것이 과연 타당한가에 대한 의문이 많다.

최근에 조사한 통계는 없지만, 2008년에 교과부에서 조사한 결과에 의하면 대학의 15.7%, 학회의 22.5%에서만 연구윤리 지침을 개별적으로 운영하고 있는 것으로 드러났다.

아직도 국내에서는 연구윤리위반 판단에 대한 보편적인 기준이 없이 대학이나 학회마다 인식하고 판단하는 기준이 달라서 논란이 되고 있다. 2008년 6월 서울대학교에서 발표한 '연구윤리지침'에 의하면 이중게재(표절)가 아닌 경우를 다음과 같이 규정하고 있다.

① 논문에서 발표된 연구결과들을 모아서 저서로 출간하는 경우는 이중게재에 해당하지 않는다. 단, 이 경우에도 이미 발표된 결과들을 충실히 인용하여야 한다.
② 학술지에 실었던 내용을 대중서, 교양잡지 등에 쉽게 풀어 쓴 것은 이중게재에 해당하지 않는다.
③ 많은 학술지들의 경우, 짧은 서간 형태의 논문을 출간하고 있다. 짧은 서간논문을 출간한 후 긴 논문을 추가 출간하는 경우나, 연구 데이터를 추가하거나 해석이 추가되거나, 자세한 연구 수행 과정 정보 등이 추가되는 경우는 이중게재에 해당하지 않는다.

④ 동일한 연구 결과를 다른 언어로 다른 독자에게 출간할 때 원 논문을 인용할 경우는 이중게재로 간주하지 않는다. 동일한 언어를 사용하여도 독자가 전혀 다른 경우에는 이중게재로 간주하지 않는다.
⑤ 이미 출판된 논문이나 책의 일부가 원저자의 승인하에 다른 편저자에 의해 선택되고 편집되어 선집(anthology)의 형태로 출판되거나 학술지의 특집호로 게재되는 경우는 이중게재로 간주하지 않는다.
⑥ 연구자가 서울대학교를 통하여 연구결과를 지식재산권으로 등록하는 경우는 이중게재와 무관하다

2008년 청와대 모 수석의 논문 표절시비가 제기되었을 당시 한국교원교육학회를 비롯한 8개 교육관련 학회는 "엄밀한 의미에서 표절이라고 보기 어렵다"고 밝혔으나 국내 연구윤리 관련 대표적 권위자인 모 교수는 "자신의 저작물의 일부나 전부를 출처표시 없이 다른 곳에 활용했다는 점에서 자기표절이 맞다"는 상반된 견해를 밝힐 만큼 논문 표절에 대한 국내의 통일된 규정이 없다.

하루빨리 대학, 학회 등 학계는 물론이고 학문분야별로 국제수준의 연구윤리 지침을 규정하여 연구부정행위의 정의와 유형, 부정행위 처리절차 및 제재 방안 등이 마련되어야 할 것으로 보여진다. 그렇지만 무엇보다도 중요한 것은 논문을 쓸 때 표절 우려가 있는 경우에는 출처를 밝히는 것이다. 그러면 아무런 문제가 되지

않는다.

교수들의 경우에 표절시비에 쉽게 휩쓸리는 또 하나의 경우가 제자의 학위논문을 학술지에 공동저자로 요약하여 발표하는 행위이다. 최근에는 교수들의 재임용 심사시에 연구실적이 중요한 고려대상이기 때문에 이러한 사례가 많이 발견된다. 모 대학교수는 제자가 학위 논문을 발표하면 거의 빠짐없이 제자의 학위논문을 요약하여 제자와 공동저자로 학술지에 발표하는 것을 본 적이 있었다. 비록 교수 본인이 논문을 지도했더라도 그 논문을 요약하여 학술지에 공동저자로 발표하는 행위는 연구윤리위반 가능성이 매우 높기 때문에 신중을 기해야 한다.

그리고 국내 670여 개 학술단체가 회원으로 참여하고 있는 '한국학술단체총연합회'의 연구윤리 지침을 소개하면 다음과 같다.

표절 및 중복게재의 판정

1) 다음의 경우는 표절로 볼 수 있다

① 이미 발표되었거나 출판된 타인의 핵심 아이디어를 적절한 출처표시 없이 사용한 경우
② 이미 발표되었거나 출판된 타인의 저작물의 전부 또는 일부를 적절한 출처표시 없이 그대로 사용하거나 다른 형태로 바꾸어 사용한 경우

③ 연구계획서, 제안서, 강연자료 등과 같은 타인의 미출판물에 포함된 핵심 아이디어나 문장, 표, 그림 등을 적절한 출처표시 없이 사용한 경우

2) 다음의 경우는 중복게재로 볼 수 있다

① 연구자가 자신의 동일 또는 유사한 가설, 자료, 논의(고찰), 결론 등에서 상당부분 겹치는 학술적 저작물을 적절한 출처표시 없이 동일 언어 또는 다른 언어로 중복하여 게재한 경우
② 이미 게재된 자신의 학술적 저작물의 일부라도 적절한 출처표시 없이 그대로 사용한 경우
③ 하나의 논문으로 발표해야 할 내용을 여러 논문으로 고의로 나누어 게재한 경우. 단, 연속 논문은 제외

표절 및 중복게재에 포함되지 않는 유형

1) 다음에 해당하는 유형은 표절에 포함되지 않는 것으로 볼 수 있다

① 독창성이 인정되지 않는 타인의 표현 또는 아이디어를 이용하는 경우
② 여러 개의 타인 저작물의 내용을 편집하였더라도 소재의 선택 또는 배열에 창작성이 인정되는 출처표시를 한 편집저작물의 경우
③ 기타 관련 학계 또는 동일 분야 전문가들 사이에 표절이 아닌

것으로 분명하게 평가되고 있는 경우

2) 다음에 해당하는 유형은 중복게재에 포함되지 않는 것으로 볼 수 있다

① 자신의 학술적 저작물을 인지할 수 없는 다른 독자군을 위해 일차와 이차 출판 학술지 편집인 양자의 동의를 받아 출처를 밝히고 게재한 경우
② 연구자가 자신의 선행연구에 기초하여 논리와 이론 등을 심화 발전시켜 나가는 연구과정(국내외 학술대회에서 발표 후 출판된 논문 및 자료의 경우 포함)에서 적절한 출처표시를 한 후속 저작물
③ 이미 발표된 자신의 학술적 저작물을 모아서 출처를 표시하여 저서로 출판하는 경우
④ 자신의 학술적 저작물의 내용을 연구업적에는 해당하지 않는 출판물에 쉽게 풀어 쓴 경우
⑤ 기타 관련 학계 또는 동일 분야 전문가들 사이에 중복게재가 아닌 것으로 현저하게 평가되고 있는 경우

다음은 서울대 법대 조국 교수가 2008년 6월 26일자 한겨레신문 시론에서 '자기표절'의 기준을 제시한 내용 중 일부이다. 자기표절 여부를 판단할 때 좋은 참고자료여서 소개한다.

"자기표절은 학자가 이미 발표한 논문을 다른 학술지에 다시 게재하거나 그 논문의 일부나 전부를 출처를 밝히지 않고 자신의 다

른 논문에 포함시키는 행위를 말한다. 이는 학술적 평가절차가 필수적인 학술지와 학술지 사이에서 일어나는 문제로, 신문·주간지·월간지 등 비학술단체 발간물과 학술지 사이에는 발생하지 않는다. 둘째, 학술대회 발표문, 연구용역 보고서, 학위논문 등 국제표준도서번호(ISBN)가 붙지 않는 발표물을 이후에 학술지에 게재하는 것은 자기표절이 아니다. 셋째, 학술지와 학술지 사이의 경우 뒤에 발표한 글에서 이전 발표 글을 밝히고 편집위원회의 동의가 있다면 자기표절의 혐의에서 벗어난다."

8 자기개발은 필수 항목

　인물에 대한 평가나 인사를 할 때 해당 공직후보자와 대면하는 경우도 있지만 서면으로도 많이 이루어진다. 그러다가 보니 그 사람의 전문성이나 지식이 얼마나 뛰어난지 정확하게 인식할 수 있는 방법을 찾기 힘들다. 그래서 후보자의 경력이나 학력 등이 훌륭한 참고자료가 된다.

　거의 대부분 고위공직자들은 외국 유명대학에서 학위를 받거나 대학에서 전문 과정을 수료하는 등 자기개발에 많은 투자를 한다. 그러나 가끔씩 학부만 졸업한 채 별다른 경력이 없는 공직후보자를 발견하게 된다. 이런 후보자의 경우 본인의 능력과 학식에 상관없이 자기개발에 노력하지 않는 것으로 비춰질 수 있다.

보통 인사와 관련된 서류 양식에는 학력과 경력을 기재하는 공란이 따로 있는데, 석·박사 학위가 있거나 다양한 경력을 갖춘 사람은 공란을 좀 더 풍부하게 메울 수 있어 뭔가 꽉 찬 느낌을 준다.

반면에 학부만 졸업하고 자기개발에 노력을 하지 않은 사람은 뭔가 허전한 느낌을 준다. 그러므로 다양한 경력을 쌓거나 대학원에서 석·박사 학위를 받아 두면, 실력 있고 전문성 있는 인물로 비춰질 수 있는 장점이 있다.

공직생활을 하면서 본인이 조금만 더 노력하면 자기개발의 길이 열린다. 가능한 한 석·박사 학위를 따는 것은 물론이고, 쉬지 않고 자신의 발전을 위해 다양한 경력을 쌓기를 권하고 싶다.

9 공직자 재산등록은 빈틈없이

일반적으로 4급 이상의 공무원과 공공기관 및 공직유관단체의 임원들은 공직자윤리법에 따라 본인과 배우자 및 직계존비속의 재산을 신고해야 하며, 매년 재산변동사항을 등록하고 있다. 그리고 1급 이상 공무원과 공기업의 장·부기관장 및 상임감사 등은 재산등록 사항과 재산변동사항 신고내용을 관보나 공보를 통해 일반인에게 공개하도록 하고 있다. 만약 해당 공직자가 허위등록 등 불성실하게 재산등록을 한 경우에는 동법 제22조에 따라 징계를 받을 수 있다.

그렇지 않아도 업무가 바쁜데 재산등록을 하자면 일일이 통장 등을 확인해야 하고 부모님의 재산을 검토해야 하는 등 번거롭고 복잡하여 소홀히 하기 쉽다. 그리고 고위공직자의 경우 본인이 직접 작성하지 않고 직원에게 시키는 경우도 많다. 상황이 이러하다 보니 의외로 불성실하게 재산등록을 하여 낭패를 보는 사례가 종종 발생한다.

부모와 자식 등이 지난해와 비교하여 뚜렷한 사유 없이 갑자기 재산이 증가하거나 감소한 사실은 없는지, 있다면 타당한 이유를 설명할 수 있는지, 은행계좌별로 예금금액이 정확한지, 꼼꼼히 챙긴 후에 가능한 한 본인이 직접 재산등록을 할 것을 권하고 싶다. 본인이 직접 할 수 없는 상황이라면 다른 사람이 대신한 내용이라도 꼼꼼히 검토를 할 필요성이 있다. 재산이 공개된 이후에 해명을 해봤자 불성실하게 신고했다는 오명을 벗을 수 없고 시간이 지나면 명확히 해명할 수 없는 경우도 많아 오해를 받기 쉽다. 보통 당사자에게 몇 년도 누구의 재산이 왜 갑자기 많이 증가했는지를 물어보면 "잘 모르겠다.", "중복 계산한 것 같다" 등으로 답변을 한다. 이런 것들이 하나씩 쌓여 큰 흠결이 되는 것이다.

> **공직자윤리법, 현행**
>
> **제3조(등록의무자)** ① 다음 각 호의 어느 하나에 해당하는 공직자(이하 "등록의무자"라 한다)는 이 법에서 정하는 바에 따라 재산을 등록하여야 한다.
> 1. 대통령·국무총리·국무위원·국회의원 등 국가의 정무직공무원
> 2. 지방자치단체의 장, 지방의회의원 등 지방자치단체의 정무직공무원

3. 4급 이상의 일반직 국가공무원(고위공무원단에 속하는 일반직공무원을 포함한다) 및 지방공무원과 이에 상당하는 보수를 받는 별정직공무원(고위공무원단에 속하는 별정직공무원을 포함한다)
4. 대통령령으로 정하는 외무공무원과 4급 이상의 국가정보원 직원 및 대통령실 경호공무원
5. 법관 및 검사
6. 헌법재판소 헌법연구관
7. 대령 이상의 장교 및 이에 상당하는 군무원
8. 교육공무원 중 총장·부총장·대학원장·학장(대학교의 학장을 포함한다) 및 전문대학의 장과 대학에 준하는 각종 학교의 장, 특별시·광역시·도·특별자치도의 교육감·교육장 및 교육위원
9. 총경(자치총경을 포함한다) 이상의 경찰공무원과 소방정 및 지방소방정 이상의 소방공무원
10. 제3호부터 제7호까지 및 제9호의 공무원으로 임명할 수 있는 직위 또는 이에 상당하는 직위에 채용된 계약직공무원
11. 「공공기관의 운영에 관한 법률」에 따른 공기업(이하 "공기업"이라 한다)의 장·부기관장 및 상임감사, 한국은행의 총재·부총재·감사 및 금융통화위원회의 추천직 위원, 금융감독원의 원장·부원장 및 감사, 농업협동조합중앙회·수산업협동조합중앙회의 회장 및 상임감사
12. 제3조의2에 따른 공직유관단체(이하 "공직유관단체"라 한다)의 임원
13. 그 밖에 국회규칙, 대법원규칙 및 대통령령으로 정하는 특정 분야의 공무원과 공직유관단체의 직원

제3조의2(공직유관단체) ① 제9조 제2항 제8호에 따른 정부 공

직자윤리위원회는 정부 또는 지방자치단체의 재정지원 규모, 임원 선임 방법 등을 고려하여 다음 각 호에 해당하는 기관·단체를 공직유관단체로 지정할 수 있다.
1. 한국은행
2. 공기업
3. 정부의 출자·출연·보조를 받는 기관·단체(재출자·재출연을 포함한다), 그 밖에 정부 업무를 위탁받아 수행하는 기관·단체
4. 「지방공기업법」에 따른 지방공사·지방공단 및 지방자치단체의 출자·출연·보조를 받는 기관·단체(재출자·재출연을 포함한다), 그 밖에 지방자치단체의 업무를 위탁받아 수행하는 기관·단체
5. 임원 선임 시 중앙행정기관의 장 또는 지방자치단체의 장의 승인·동의·추천·제청 등이 필요한 기관·단체나 중앙행정기관의 장 또는 지방자치단체의 장이 임원을 선임·임명·위촉하는 기관·단체

제10조(등록재산의 공개) ① 공직자윤리위원회는 관할 등록의무자 중 다음 각 호의 어느 하나에 해당하는 공직자 본인과 배우자 및 본인의 직계존속·직계비속의 재산에 관한 등록사항과 제6조에 따른 변동사항 신고내용을 등록기간 또는 신고기간 만료 후 1개월 이내에 관보 또는 공보에 게재하여 공개하여야 한다.
1. 대통령, 국무총리, 국무위원, 국회의원, 국가정보원의 원장 및 차장 등 국가의 정무직공무원
2. 지방자치단체의 장, 지방의회의원 등 지방자치단체의 정무직공무원
3. 일반직 1급 국가공무원(「국가공무원법」 제23조에 따라 배정된 직무등급이 가장 높은 등급의 직위에 임용된 고위공무원단에 속하는 일반

직공무원을 포함한다) 및 지방공무원과 이에 상응하는 보수를 받는 별정직공무원(고위공무원단에 속하는 별정직공무원을 포함한다)
4. 대통령령으로 정하는 외무공무원과 국가정보원의 기획조정실장
5. 고등법원 부장판사급 이상의 법관과 대검찰청 검사급 이상의 검사
6. 중장 이상의 장관급 장교
7. 교육공무원 중 총장·부총장·학장(대학교의 학장은 제외한다) 및 전문대학의 장과 대학에 준하는 각종 학교의 장, 특별시·광역시·도·특별자치도의 교육감 및 교육위원
8. 치안감 이상의 경찰공무원 및 특별시·광역시·도·특별자치도의 지방경찰청장
9. 지방 국세청장 및 3급 공무원 또는 고위공무원단에 속하는 공무원인 세관장
10. 제3호부터 제6호까지, 제8호 및 제9호의 공무원으로 임명할 수 있는 직위 또는 이에 상당하는 직위에 채용된 계약직공무원. 다만, 제4호·제5호·제8호 및 제9호 중 직위가 지정된 경우에는 그 직위에 채용된 계약직공무원만 해당된다.
11. 공기업의 장·부기관장 및 상임감사, 한국은행의 총재·부총재·감사 및 금융통화위원회의 추천직 위원, 금융감독원의 원장·부원장 및 감사, 농업협동조합중앙회·수산업협동조합중앙회의 회장 및 상임감사
12. 그 밖에 대통령령으로 정하는 정부의 공무원 및 공직유관단체의 임원
13. 제1호부터 제12호까지의 직(職)에서 퇴직한 사람(제6조 제2항의 경우에만 공개한다)

제22조(징계 등) 공직자윤리위원회는 공무원 또는 공직유관단체의 임직원이 다음 각 호의 어느 하나에 해당하면 이를 사유로 해임 또는 징계의결을 요구할 수 있다.

1. 제 5 조 제 1 항을 위반하여 재산등록을 하지 아니한 경우
2. ~ 5. 생략
6. 제12조 제 1 항(제 6 조의2 제 4 항 및 제11조 제 2 항에서 준용하는 경우를 포함한다)을 위반하여 허위등록 등 불성실하게 재산등록을 한 경우
7. ~ 15. 생략

10 사소한 법규위반도 쌓이면 걸림돌이 된다

 검찰이나 경찰, 감사원 등에는 과거 징계전력이나 형사처벌 내역이 사면되었더라도 관련된 기록이 그대로 남아있고, 이러한 내용들이 인사청문회나 인사검증에서 모두 참고자료가 된다. 파렴치한 행위란 보통 사기, 횡령, 배임, 성범죄, 직무관련 뇌물수수, 향응 접대 등 사회적 지탄의 대상이 되는 행위를 말한다. 이처럼 파렴치한 범죄유형에 대해서는 형의 시효 경과 또는 경감 등에 의해 실제로 처벌을 받지 않았거나 사면된 경우라 하더라도 내용의 경중에 따라 인사검증 과정에서 고려사항이 된다. 공직자가 되기 전의 행위나 과거의 행위일수록 후보자가 받을 수 있는 불이익은 덜하다. 공직자가 되기 전인 30여 년 전의 '폭력행위 등 처벌에 관한 법률위반'으로 벌금 10만 원을 받은 일은 문제되지 않았고, 10여 년 전에 거래업체로부터 향응을 제공받고 그 대가로 물품을 납품할 수 있도록 도와준 사람은 불이익을 받았던 기억이 있다.

공직자는 파렴치한 행위는 물론이고 사소한 법규 위반에도 조심해야 한다. 흔히 저지르기 쉬운 자동차 신호위반이나 속도위반, 쓰레기 함부로 버리기 등 경범죄로 인한 범칙금이나 과태료 납부도 정도가 심하면 준법정신에 문제가 있다고 여겨질 수 있다. 특히, 국회인사청문회에서 약방의 감초처럼 등장하여 후보자를 곤란하게 만드는 것이 교통법규 위반이다. 모 장관후보자는 인사청문회에서 수십 건의 속도위반과 고속도로 버스전용차선을 위반한 것으로 드러나 사죄를 하고 용서를 빌어야 했다.

제 2 편

납세 · 재산관리

1 꼼꼼히 챙겨야 할 주택 월세 임대
2 배우자 · 자녀 명의의 재산도 잘 관리해야
3 TV출연 · 외부강연도 좋으나 종합소득세 신고는 할 것
4 연말정산시 과욕은 화를 부른다
5 주식거래는 신중하게
6 영원히 발목 잡을 농지 매입
7 투기꾼으로 몰리기 쉬운 임야 구입
8 부동산 취득시 다운계약서 작성은 위법일까?

1. 꼼꼼히 챙겨야 할 주택 월세 임대

경험상으로 공직자들의 가장 많은 실수 중의 하나가 주택임대소득에 대한 소득세 납부 누락이다. 소득세법 제19조에 따라 주택을 임대하고 받는 임대료는 사업소득의 한 종류로서 소득세 납부 대상이다. 그렇지만 동법 제12조와 동 시행령 제 8 조의2에 의하면 부부합산 1개의 주택을 소유하면서 주택의 기준시가가 9억 원 이하(2008년 이전까지는 6억 원)인 경우는 소득세를 납부하지 않아도 된다. 그리고 동법 제25조에 의하여 주택임대 보증금 등을 받는 경우에는 2010년까지는 소득세를 내지 않아도 되었으나 2011년부터는 3주택 이상 보유자가 받은 전세보증금 합계액이 3억 원을 초과하면 세금을 내야 한다.

이러한 내용을 쉽게 설명하면 「① 부부가 합산하여 1개의 주택을 소유하면서 월세를 주는 경우(전세는 상관없음)에 주택의 기준시가가 9억 원을 초과하면 소득세 납부 대상이 되며, ② 부부가 합산하여 2개 이상의 주택을 소유하면서 월세를 주는 경우에는 주택의 기준시가와 관계없이 소득세를 납부해야 하고, ③ 2011년부터는 전세를 주더라도 부부가 합산하여 주택을 3개 이상 보유하면서 전세보증금 총 합계가 3억 원을 초과하는 경우」에는 소득세를 납부해야 한다.

그런데 공직자 중에는 주택을 월세로 임대하고 있으면서 임대소득 신고를 하지 않아 본의 아니게 탈세 혐의를 받는 경우가 가끔씩 있다.

한편, 업무용 오피스텔을 임대하는 경우는 대부분 사업자등록을 하고 있으나, 소규모 상가를 임대하면서 사업자등록을 하지 않는 경우는 비일비재하다. 업무용 오피스텔이나 상가 등을 임대하면 반드시 임대사업자등록을 하고 적정한 세금을 납부해야 한다.

특히 부동산을 임대하면서 신고를 하지 않아 소득세를 납부하지 않았다면, 이는 세금문제에만 한정되는 것이 아니라 앞에서 설명한 내용과 같이 국민건강보험법과 국민연금법 위반과도 직결되기 때문에 조심하여야 한다.

> **소득세법, 현행**

제12조(비과세소득) 다음 각 호의 소득에 대해서는 소득세를 과세하지 아니한다.

1. 생략
2. 사업소득 중 다음 각 목의 어느 하나에 해당하는 소득
   가. 생략
   나. 1개의 주택을 소유하는 자의 주택임대소득(제99조에 따른 기준시가가 9억 원을 초과하는 주택 및 국외에 소재하는 주택의 임대소득은 제외한다). 이 경우 주택 수의 계산 및 주택임대소득의 산정 등 필요한 사항은 대통령령으로 정한다.
   다.~마. 생략

제19조(사업소득) ① 사업소득은 해당 과세기간에 발생한 다음 각 호의 소득으로 한다.

1.~11. 생략
12. 부동산업 및 임대업에서 발생하는 소득. 다만, 지역권 등 대통령령으로 정하는 권리를 대여함으로써 발생하는 소득은 제외한다.
13.~20. 생략

제25조(총수입금액 계산의 특례) ① 거주자가 부동산 또는 그 부동산상의 권리 등을 대여하고 보증금·전세금 또는 이와 유사한 성질의 금액(이하 이 항에서 "보증금 등"이라 한다)을 받은 경우에는 대통령령으로 정하는 바에 따라 계산한 금액을 사업소득금액을 계산할 때에 총수입금액에 산입(算入)한다. 다만, 주택을 대여하고 보증금등을 받은 경우에는 3주택 이상을 소유하고 보증금 등의 합계액이 3억 원을 초과하는 경우를 말하며, 주택 수의 계산 그 밖에 필요한 사항은 대통령령으로 정한다.

> **소득세법 시행령, 현행**
>
> 제8조의2(비과세 주택임대소득) ①~② 생략
> ③ 법 제12조 제2호 나목을 적용할 때 주택 수는 다음 각 호에 따라 계산한다.
> 1. 다가구주택은 1개의 주택으로 보되, 구분 등기된 경우에는 각각을 1개의 주택으로 계산
> 2. 공동소유의 주택은 지분이 가장 큰 자의 소유로 계산하되, 지분이 가장 큰 자가 2인 이상인 경우에는 각각의 소유로 계산. 다만, 지분이 가장 큰 자가 2인 이상인 경우로서 그들이 합의하여 그들 중 1인을 당해 주택의 임대수입의 귀속자로 정한 경우에는 그의 소유로 계산한다.
> 3. 임차 또는 전세 받은 주택을 전대하거나 전전세하는 경우에는 당해 임차 또는 전세 받은 주택을 임차인 또는 전세 받은 자의 주택으로 계산
> 4. 본인과 배우자가 각각 주택을 소유하는 경우에는 이를 합산

배우자·자녀 명의의 재산도 잘 관리해야

　공직후보자의 배우자나 자녀명의의 재산을 검토하다가 보면, 상속세 및 증여세법 제53조에 규정된 증여재산 공제 범위를 넘어서는 재산을 보유하고 있으나 증여세 납부 기록은 없는 경우가 많이 있다. 그래서 해당 후보자에게 소명을 요청하면 엉뚱하게 답변하여 불이익을 당하는 경우가 있다.
　현행 상속세 및 증여세법에 의하면 10년 기간 동안에 「① 배우자로부터 증여를 받은 경우에는 6억 원, ② 직계존속 및 직계비속 으로부터 증여를 받은 경우에는 3천만 원, ③ 다만 미성년자가 직계존속으로부터 증여를 받은 경우에는 1천5백만 원, ④ 배우자 및 직계존비속이 아닌 친족으로부터 증여를 받은 경우에는 5백만 원」 까지가 각각 증여세를 납부하지 않고 줄 수 있는 증여재산 공제 범위이다.

증여재산공제 범위는 법이 개정될 때마다 변해 왔기 때문에 언제 증여를 받았느냐에 따라 공제 금액이 다르므로 조심해야 한다. 현행법규는 2008년부터 시행되었다. 2003년부터 2007년까지는 배우자로부터 증여를 받은 경우에 증여재산공제 범위가 3억 원이었으며, 1997년부터 2002년까지 배우자의 증여재산 공제 범위는 5억 원이었다. 그 외 직계존속 및 직계비속으로부터 증여를 받은 경우 등의 증여재산 공제범위는 1997년 이후부터 지금까지 현행 규정과 같다.

만약에 소득원이 없고 증여세를 한푼도 낸 적이 없는 배우자가 10억 원짜리 아파트를 구입했다고 가정하자. 그렇지만 매입 금액은 동일해도 2010년에 구입했느냐 혹은 2006년에 구입했느냐에 따라 소명내용이 달라야 한다. 2010년에 구입했다면 배우자의 증여재산 공제 범위인 6억 원을 제외한 4억 원에 대한 출처를 얘기하면 되지만, 2006년에 구입한 아파트라면 7억 원에 대한 출처를 제대로 밝혀야 증여세 탈세 혐의에서 벗어날 수 있다.

이러한 법 규정이나 변천 내용을 제대로 알지 못하고 배우자에 대한 재산형성 과정을 설명했다가 낭패를 보는 경우가 상당수 있다.

증여세와 관련해서 꼭 알아두어야 할 것이 결혼축의금 문제이다.

보통 출가한 자녀들의 재산이 소득에 비해 지나치게 과다하여 자금출처를 물으면 결혼축의금을 준 것이라고 많은 후보자들이 답변을 한다. 그래서 증여세를 납부했느냐고 물으면 결혼축의금은 당연히 결혼 당사자의 몫인데 왜 증여세를 내야 하느냐고 반문하는 경우도 있다. 그렇지만 혼주, 즉 부모를 보고 낸 축의금은 부모의 소유이니 이를 결혼하는 자식에게 증여세 공제범위를 넘어서는 금액을 주었다면 당연히 증여세를 납부해야 한다.

이와 관련하여 서울행정법원이 1999년 10월 1일 「결혼축의금이란 혼주(婚主)의 손님들이 혼주의 경제적 부담을 덜어주려는 성의의 표시이므로, 신랑이나 신부가 친분이 있는 축하객들이 직접 건넨 부분을 빼고는 모두 혼주의 소유」라며, 「따라서 혼주의 축의금을 결혼 당사자가 받았다면 당연히 증여세를 내야 한다」고 판결한 것이 대표적인 사례이다.

증여세는 타인으로부터 재산을 무상으로 받은 사람이 신고·납부하여야 하는데, 이때 재산이란 받는 사람의 소유가 되는 재산으로서 금전으로 환가할 수 있는 경제적 가치가 있는 모든 물건과 재산적 가치가 있는 법률상 또는 사실상의 모든 권리를 포함한다.

그런데 이러한 증여세 과세대상인 증여재산에 대한 정확한 이해가 없어서 탈세혐의를 받는 경우가 종종 있으니 조심해야 한다. 예를 들면, 상당한 법률적 지식과 경험을 갖춘 모씨가 본인이 고위 공직에 임명되자 형으로부터 축하 선물로 최고급차를 2차례에 걸쳐 2대를 선물로 받았고 이러한 내용이 공직자 재산공개 내역에 포함되어 있었다. 그래서 증여세를 납부했느냐고 물었더니 "선물 받은 자동차에 대해 증여세를 납부해야 하는 줄 미처 몰랐다"며 난처해 한 적이 있었다.

상속세 및 증여세법, 1996.12.31 일부개정, 1997.1.1 시행

제53조(증여재산공제) ① 거주자가 다음 각 호의 1에 해당하는 자로부터 증여를 받은 경우에는 다음 각 호의 구분에 따른 금액을 증여세과세가액에서 공제한다. 이 경우 당해 증여 전 5년 이내에 공제받은 금액과 당해 증여가액에서 공제받을 금액의 합계액이 다음 각 호에 규정하는 금액을 초과하는 경우에는 그 초과하는 부분은 이를 공제하지 아니한다.

1. 배우자로부터 증여를 받은 경우에는 5억 원
2. 직계존비속(증여자가 직계존속인 경우 그 직계존속의 배우자를 포함한다)으로부터 증여를 받은 경우에는 3천만 원. 다만, 미성년자가 직계존속으로부터 증여를 받은 경우에는 1천5백만 원으로 한다.
3. 배우자 및 직계존비속이 아닌 친족으로부터 증여를 받은 경우에는 5백만 원

② 제1항에 규정하는 친족의 범위는 대통령령으로 정한다

상속세 및 증여세법, 1998.12.28 일부개정, 1999.1.1 시행

제53조(증여재산공제) ① ~이 경우 증여 전 10년 이내에 공제받은 ~
1.~3. 동일

② 동일

상속세 및 증여세법, 2002.12.18 일부개정, 2003.1.1 시행

제53조(증여재산공제) ① 동일

1. 배우자로부터 증여를 받은 경우에는 3억 원
2. ~ 3. 동일

② 동일

상속세 및 증여세법, 2007.12.31 일부개정, 2008.1.1 시행

제53조(증여재산공제) ① 동일

1. 배우자로부터 증여를 받은 경우에는 6억 원
2. ~ 3. 동일

② 동일

3. TV출연·외부강연도 좋으나 종합소득세 신고는 할 것

　소득세법 제4조에 의하면 종합소득이란 소득세법에 따라 과세되는 모든 소득에서 퇴직소득과 양도소득을 제외한 소득으로 이자소득·배당소득·사업소득·근로소득·연금소득·기타소득을 합산한 것을 말한다. 종합소득세 신고는 보통 다음해 5월에 본인이 신고·납부해야 하나 이러한 규정을 모르고 그냥 지나치는 바람에 본의 아니게 탈세혐의를 받는 경우가 있다. 물론 근로소득만 있는 사람은 종합소득세 신고를 할 필요가 없으나, 특히 기타소득이 문제이다.
　소득세법 제14조 제3항 제7호에 의하면 연간 소득금액 300만원 이상의 기타소득이 있을 때에는 종합소득세 신고를 해야 하는

데, 이를 하지 않는 경우가 상당히 발견된다. 동법 제21조에는 기타소득을 구체적으로 열거하고 있는데, 퇴직소득·양도소득·이자소득·배당소득·사업소득·근로소득·연금소득을 제외한 대부분의 소득이 모두 기타소득에 포함된다고 보면 된다. 기타소득은 종류가 워낙 다양하여 연간 기타소득이 300만 원 이상인지는 본인이 꼼꼼히 따져봐야 한다.

공직자들의 경우 TV출연이나 외부특강 등을 가끔씩 하고 대가를 받게 되며, 특히 유명 대학교수들은 외부특강뿐만 아니라 원고료나 저작권사용료인 인세(印稅), 자문료 등의 수입을 꽤 많이 올리는 경우가 있다. 예를 들면 어떤 공직자가 수차례 외부특강으로 200만 원, TV출연으로 100만 원의 소득이 발생했다면 다음해 5월에 본인의 근로소득과 합산하여 종합소득세 신고를 해야 한다. 그런데 상당수 공직자들은 출연료나 자문료 등을 받을 때 해당 기관에서 원천징수한 후에 나머지 금액을 주기 때문에 본인이 납부해야 할 세금을 모두 낸 것으로 잘못 알고 종합소득세 신고를 하지 않는다. 또한 기타소득의 수입원이 다양한 경우 이를 일일이 합산해보지 않고 그냥 지나치는 사례가 종종 있다.

내가 평소 알고 지내던 모 기관장도 언론사 기고·방송출연 등으로 기타소득이 330만 원 가량이 되었지만 종합소득신고를 하지 않아 신고를 하도록 조언을 해 준 적이 있다. 연간 소득금액이 300만 원 이상인 기타소득 수입금액에 대하여는 근로소득과 합산신고를 하여야 한다.

> 소득세법, 현행

제4조(소득의 구분) ① 거주자의 소득은 다음 각 호와 같이 구분한다.

1. 종합소득

   이 법에 따라 과세되는 모든 소득에서 제2호 및 제3호에 따른 소득을 제외한 소득으로서 다음 각 목의 소득을 합산한 것

   가. 이자소득   나. 배당소득   다. 사업소득
   라. 근로소득   마. 연금소득   바. 기타소득

2. 퇴직소득

   퇴직으로 발생하는 소득과 「국민연금법」 또는 「공무원연금법」 등에 따라 지급받는 일시금(부가금·수당 등 연금이 아닌 형태로 일시에 받는 것을 포함한다. 이하 같다)

3. 양도소득

   자산의 양도로 발생하는 소득

제14조(과세표준의 계산) ① ~ ② 생략

③ 다음 각 호에 따른 소득의 금액은 종합소득과세표준을 계산할 때 합산하지 아니한다.

   1.~6. 생략

   7. 제21조 제1항 제1호부터 제22호까지의 규정에 따른 기타소득으로서 같은 조 제2항에 따른 **기타소득금액이 300만 원 이하**이면서 제127조에 따라 원천징수된 소득(해당 소득이 있는 거주자가 종합소득 과세표준을 계산할 때 이를 합산하려는 경우는 제외한다. 이하 "분리과세기타소득"이라 한다). 다만, 제10호의 소득은 제외한다.

   8.~10. 생략

제21조(기타소득) ① 기타소득은 이자소득·배당소득·사업소득·근로소득·연금소득·퇴직소득 및 양도소득 외의 소득으로서 다음 각 호에서 규정하는 것으로 한다.
1. 상금, 현상금, 포상금, 보조금 또는 이에 준하는 금품
2. 복권, 경품권, 그 밖의 추첨권에 당첨되어 받는 금품
3. 「사행행위 등 규제 및 처벌특례법」에서 규정하는 행위에 참가하여 얻은 재산상의 이익
4. 「한국마사회법」에 따른 승마투표권(이하 "승마투표권"이라 한다), 「경륜·경정법」에 따른 승자투표권(이하 "승자투표권"이라 한다), 「전통소싸움경기에 관한 법률」에 따른 소싸움경기투표권(이하 "소싸움경기투표권"이라 한다) 및 「국민체육진흥법」에 따른 체육진흥투표권(이하 "체육진흥투표권"이라 한다)의 구매자가 받는 환급금
5. 저작자 또는 실연자(實演者)·음반제작자·방송사업자 외의 자가 저작권 또는 저작인접권의 양도 또는 사용의 대가로 받는 금품
6. 다음 각 목의 자산 또는 권리의 양도·대여 또는 사용의 대가로 받는 금품
   가. 영화필름
   나. 라디오·텔레비전방송용 테이프 또는 필름
   다. 그 밖에 가목 및 나목과 유사한 것으로서 대통령령으로 정하는 것
7. 광업권·어업권·산업재산권·산업정보, 산업상 비밀, 상표권·영업권(대통령령으로 정하는 점포 임차권을 포함한다), 토사석(土砂石)의 채취허가에 따른 권리, 지하수의 개발·이용권, 그 밖에 이와 유사한 자산이나 권리를 양도하거나 대여하고 그 대가로 받는 금품

8. 물품(유가증권을 포함한다) 또는 장소를 일시적으로 대여하고 사용료로서 받는 금품
9. 지역권·지상권(지하 또는 공중에 설정된 권리를 포함한다)을 설정하거나 대여하고 받는 금품
10. 계약의 위약 또는 해약으로 인하여 받는 위약금과 배상금
11. 유실물의 습득 또는 매장물의 발견으로 인하여 보상금을 받거나 새로 소유권을 취득하는 경우 그 보상금 또는 자산
12. 소유자가 없는 물건의 점유로 소유권을 취득하는 자산
13. 거주자·비거주자 또는 법인과 대통령령으로 정하는 특수관계에 있는 자가 그 특수관계로 인하여 그 거주자·비거주자 또는 법인으로부터 받는 경제적 이익으로서 급여·배당 또는 증여로 보지 아니하는 금품
14. 슬롯머신(비디오게임을 포함한다) 및 투전기(投錢機), 그 밖에 이와 유사한 기구(이하 "슬롯머신 등"이라 한다)를 이용하는 행위에 참가하여 받는 당첨금품·배당금품 또는 이에 준하는 금품(이하 "당첨금품 등"이라 한다)
15. 문예·학술·미술·음악 또는 사진에 속하는 창작품(「신문 등의 진흥에 관한 법률」에 따른 신문 및 「잡지 등 정기간행물의 진흥에 관한 법률」에 따른 정기간행물에 게재하는 삽화 및 만화와 우리나라의 창작품 또는 고전을 외국어로 번역하거나 국역하는 것을 포함한다)에 대한 원작자로서 받는 소득으로서 다음 각 목의 어느 하나에 해당하는 것
    가. 원고료
    나. 저작권사용료인 인세(印稅)
    다. 미술·음악 또는 사진에 속하는 창작품에 대하여 받는 대가

16. 재산권에 관한 알선 수수료
17. 사례금
18. 대통령령으로 정하는 소기업·소상공인 공제부금의 해지일시금
19. 다음 각 목의 어느 하나에 해당하는 인적용역(제15호부터 제17호까지의 규정을 적용받는 용역은 제외한다)을 일시적으로 제공하고 받는 대가
    가. 고용관계 없이 다수인에게 강연을 하고 강연료 등 대가를 받는 용역
    나. 라디오·텔레비전방송 등을 통하여 해설·계몽 또는 연기의 심사 등을 하고 보수 또는 이와 유사한 성질의 대가를 받는 용역
    다. 변호사, 공인회계사, 세무사, 건축사, 측량사, 변리사, 그 밖에 전문적 지식 또는 특별한 기능을 가진 자가 그 지식 또는 기능을 활용하여 보수 또는 그 밖의 대가를 받고 제공하는 용역
    라. 그 밖에 고용관계 없이 수당 또는 이와 유사한 성질의 대가를 받고 제공하는 용역
20. 「법인세법」 제67조에 따라 기타소득으로 처분된 소득
21. 「조세특례제한법」 제86조의2에 따른 연금저축에 가입하고 저축 납입계약기간 만료 전에 해지하여 일시금으로 받거나 만료 후 연금 외의 형태로 받는 소득(같은 조 제4항의 계산식에 따라 계산한 금액을 말한다)
22. 퇴직 전에 부여받은 주식매수선택권을 퇴직 후에 행사하거나 고용관계 없이 주식매수선택권을 부여받아 이를 행사함으로써 얻는 이익
23. 뇌물
24. 알선수재 및 배임수재에 의하여 받는 금품

연말정산시 과욕은 화를 부른다.

1. 소득공제의 올바른 이해가 필요

　공직자라면 거의 대부분 급여를 받고 있고, 원천징수한 세액이 정당하게 계산되었는지를 연말에 정산·조정하는 절차인 연말정산 신고를 한다. 인사청문회나 인사검증시에 해당기관으로부터 공직후보자의 근로소득원천징수영수증을 제출받아 보면 본인이 연말정산시 신고한 내용이 상세히 기재되어 있다.
　근로소득원천징수영수증에서 자주 드러나는 문제점은 부양가족 부당 공제와 신용카드 사용, 기부금 납부 등이다. 국세청에서 발간한 '근로자를 위한 연말정산 안내' 책자에 의하면 부양가족 공제와 관련해서 본인이 부양하는 가족의 소득금액 합계액이 100만 원을 초과하면 소득공제를 받을 수 없다. 그런데도 이를 잘 모르고 공제를 받는 경우가 가끔씩 있다.

 소득금액 합계액이란 근로소득, 연금소득, 사업소득, 양도소득, 기타소득 등을 모두 합한 금액을 말한다. 그런데 연금소득이나 기타소득 등을 제대로 계산해 보지 않고 실질적으로는 합산해보면 1백만 원을 초과하는 데도 공제를 받아서 지적되는 경우가 많다. 특히, 양도소득을 계산해 보지 않는 경우가 많기 때문에 조심해야 한다.

 또한, 신용카드 등(현금영수증, 직불카드 사용액 등 포함) 사용금액과 관련해서는 사용금액의 연간 합계액이 해당 연도의 총 급여액의 100분의 25를 초과하는 경우에 그 초과금액의 100분의 20(직불카드 또는 선불카드의 경우 100분의 25)에 해당하는 금액을 근로소득 금액에서 공제받을 수 있다. 공제한도는 300만 원과 총급여의 20% 중 적은 금액이어서, 신용카드 사용과 관련해서 가장 최대로 공제받을 수 있는 금액은 300만 원이다. 만약 본인의 연간 총급여액이 6천만 원인데 연간 신용카드 사용액이 3천만 원이라고 가정하자. 그러면 6천만 원의 100분의 25를 초과하는 금액, 즉 신용카드로 1천5백만 원을 넘어서서 사용했기 때문에 소득공제를 받을 수 있으며, 소득공제 금액은 초과금액인 1천5백만 원의 100분의 20에 해당하는 3백만 원이 된다. 소득공제를 받을 수 있는 최대 금액이 3백만 원이기 때문에 연간 총급여액이 6천만 원인 경우에는 신용카드 사용금액이 3천만 원을 넘는 금액은 신고하지 않아도 된다.

신용카드 사용액이 과다하면 급여 외에 다른 수입원에 있는 것으로 오해받을 수 있다. 부득이한 사정으로 신용카드를 과다하게 쓸 수밖에 없는 상황이 있었다면 잘 기억해 두었다가 적절히 대처해야 한다.

신용카드 공제액이 너무 적어도 문제될 수 있다. 공직후보자의 근로소득원친징수영수증을 보면 신용카드 공제액이 '0'원인 사람이 가끔씩 있다. 이 또한 신용카드 과다 사용자와 마찬가지로 급여 외에 다른 수입원이 있는 것이 아닌가라는 의심을 받기 쉽다. 특히, 법무법인이나 민간기업의 법인카드를 사용하는 사람들에게서 법인카드로 개인적 경비까지 지출하여 본인의 신용카드 사용액은 거의 없는 사례를 가끔씩 발견하게 된다. 법인카드는 법인 업무와 관련없는 지출에 사용할 수 없으니 조심해야 한다.

정부에서 거래의 투명성 확보차원에서 신용카드 사용을 권장하고 있으니 가능한 신용카드를 적절히 사용하고 제대로 신고할 것을 권하고 싶다. 그리고 연말정산시 국세청에서 안내하는 책자를 꼼꼼히 읽어보고 규정대로 처리해라. 그 길이 나중에 시빗거리를 없애는 길이다.

2. 정치자금 기부, 어떻게 할 것인가?

기부금 납부 중에서 특히 민감한 부분이 정치자금 기부금이다. 정치자금을 기부하고 나서 연말정산시에 신고하면 세금공제를 받게 된다.

그러나 공무원은 국가공무원법 제65조 제 2 항과 정치자금법 제 8 조 제 1 항의 규정에 따라 정치자금을 기부할 수 없다. 이처럼 공무원에게 정치자금 기부 등 정치활동을 제한할 수 있는 근거는 헌법 제 7 조 제 2 항에 규정된 '공무원의 정치적 중립성 요구' 때문이다. 요즘 공무원들이 정치자금을 기부하는 행위는 거의 발견되지 않는다.

문제는 공공기관에 근무하는 공직자이다. 부패방지법 제 2 조 제 3 호에 의하면 공공기관에 근무하는 거의 대부분 임직원이 공직자에 포함된다. 그리고 국민권익위원회의 '공직유관단체 임직원 행동강령 표준안' 제17조 제 2 항에는 「임직원은 기관의 이익을 목적으로 직무와 관련이 있는 공무원 또는 정치인 등에게 금품 등을 제공해서는 아니된다」라고 규정되어 있다.

그래서 대부분의 공공기관들은 이 지침을 기초로 '임직원들의 정치적 중립성 유지 의무 및 정치인 등에게 금품 제공 금지' 등의 내용을 내부 규정으로 정하고 있다.

그리고 정치자금법 제31조에는 외국인, 국내·외의 법인 또는 단체는 정치자금을 기부할 수 없으며, 누구든지 국내·외의 법인 또는 단체와 관련된 자금으로도 정치자금을 기부할 수 없도록 규정하고 있다. 헌법재판소도 2010년 12월 28일 '단체 자금으로 정치자금을 기부하는 행위를 금지하고 있는 정치자금법 제31조가 합헌'이라고 결론을 내렸다.

그런데 실상은 많은 공공기관들의 임직원들이 국회 소관상임위

국가공무원법, 현행

제65조(정치 운동의 금지) ① 생략

② 공무원은 선거에서 특정 정당 또는 특정인을 지지 또는 반대하기 위한 다음의 행위를 하여서는 아니 된다.
1. 투표를 하거나 하지 아니하도록 권유 운동을 하는 것
2. 서명 운동을 기도(企圖)·주재(主宰)하거나 권유하는 것
3. 문서나 도서를 공공시설 등에 게시하거나 게시하게 하는 것
4. 기부금을 모집 또는 모집하게 하거나, 공공자금을 이용 또는 이용하게 하는 것
5. 타인에게 정당이나 그 밖의 정치단체에 가입하게 하거나 가입하지 아니하도록 권유 운동을 하는 것

정치자금법, 현행

제8조(후원회의 회원) ① 누구든지 자유의사로 하나 또는 둘 이상의 후원회의 회원이 될 수 있다. 다만, 제31조(기부의 제한)제1항의 규정에 의하여 기부를 할 수 없는 자와 「정당법」제22조(발기인 및 당원의 자격)의 규정에 의하여 정당의 당원이 될 수 없는 자는 그러하지 아니하다.

제31조(기부의 제한) ① 외국인, 국내·외의 법인 또는 단체는 정치자금을 기부할 수 없다.

② 누구든지 국내·외의 법인 또는 단체와 관련된 자금으로 정치자금을 기부할 수 없다.

부패방지 및 국민권익위원회의 설치와 운영에 관한 법률, 현행

제2조(정의) 이 법에서 사용하는 용어의 뜻은 다음과 같다.
1. ~ 2. 생략

3. "공직자"란 다음 각 목의 어느 하나에 해당하는 자를 말한다.
　가.「국가공무원법」및「지방공무원법」에 따른 공무원과 그 밖의 다른 법률에 따라 그 자격·임용·교육훈련·복무·보수·신분보장 등에 있어서 공무원으로 인정된 자
　나. 제1호 라목에 따른 공직유관단체의 장 및 그 직원

공직유관단체 임직원 행동강령 표준안

제17조(금품 등을 주는 행위의 제한) ① 생략
② 임직원은 ○○○의 이익을 목적으로 직무와 관련이 있는 공무원 또는 정치인 등에게 금품등을 제공해서는 아니 된다. 다만, 제15조 제1항 각 호에서 정한 경우는 제외한다.

원회 위원들에게 조직적으로 정치자금을 기부하고 있어 규정 위반 가능성이 상당히 크다. 공직후보자의 근로소득원천징수영수증을 보면 공공기관 임·직원들의 정치자금 기부 사례들이 상당히 많이 드러난다. 이러한 기부 행위들에 대한 위법논란을 없애기 위해서는 보완작업이 필요하다고 보여진다. 예를 들면 정치자금 기부금의 세액 공제 한도액인 10만 원까지는 허용하거나, 아예 모든 공직자들의 정치자금 기부금을 전면금지하는 조항을 두는 것이 합리적이라고 생각한다.

　어쨌든 현행 규정하에서 공공기관의 임직원들이 정치자금을 기부할 때는 상당히 신중해야 하며, 부득이하게 해야 할 경우에는 무기명으로 기부를 하고 세금공제는 받지 않는 방법도 고려할 필요가 있다고 보여진다.

5 주식거래는 신중하게

　대부분의 4급 이상 공무원과 공공기관 임원들은 공직자윤리법에 따라 본인과 배우자, 직계존비속이 보유하고 있는 주식 가액이 개인별 1천만 원 이상일 때에는 매년 그 변동사항을 신고해야 한다.
　그렇지만 주식은 부동산과 달리 거래 종목과 거래자가 너무 많을 뿐만 아니라 확인하는 절차가 어렵고 복잡하여 부당하게 취득했는지 여부를 밝히기가 쉽지 않다. 그래서인지 고위공무원단 나급(2급) 이하의 대부분 공무원들은 비교적 자유롭게 주식거래를 하고 있으며, 주식투자로 수억 원 이상의 상당한 재산을 증식한 공직자도 가끔 볼 수가 있다. 그렇지만 무분별하게 주식투자를 하다가는 큰 낭패를 보게 된다.
　3급에서 고위공무원으로 승진하기 위해서는 일반적으로 인사검증을 받아야 하는데, 그때 주식보유현황도 꼼꼼히 따져본다. 만약 공직후보자가 보유하고 있는 주식이 본인의 직무와 관련성이 있다고 판단이 되면, 당연히 불이익을 받게 되기 때문에 주식거래를 신중하게 해야 한다.

공직자 본인의 재산이 공개되는 시점부터는 법률에서 주식보유에 대해 많은 제한을 두고 있다. 대부분의 1급 이상 공무원과 공공기관의 기관장·부기관장·상임감사 등은 본인과 배우자, 직계존비속이 보유하고 있는 주식 가액이 개인별 1천만 원 이상일 때에는 공직자윤리법에 따라 매년 주식보유 현황을 관보에 공개하여야 한다.

그리고 동법 제14조의4와 제14조의5, 제14조의6, 동법 시행령 제27조의4에 따라 본인과 배우자 등 재산등록대상자 모두가 보유한 주식의 총 가액이 3천만 원을 초과할 때에는 초과하게 된 날로부터 1개월 이내에 행정안전부에 설치된 주식백지신탁 심사위원회에 보유 주식의 직무관련성 유무에 관한 심사를 청구하거나 해당 주식을 매각, 또는 해당기관에 주식백지신탁을 하여야 한다. 물론 주식백지신탁 심사위원회에서 보유주식이 직무와 관련성이 없다는 결정을 한 때에는 주식을 매각하거나 백지신탁을 할 필요가 없다.

공직자윤리법 시행령 제27조의8에 의하면 주식백지신탁 심사위원회에서 보유주식의 직무관련성 여부를 판단할 때는 상당히 포괄적이다. 공개대상자가 보유한 주식을 발행한 기업의 경영 또는 재산상 권리에 관한 상당한 정보를 입수하거나 영향을 미칠 수 있는 직무에 종사하거나 그 직무를 지휘·감독하는 직무에 있다고 판단되면 대부분 직무관련성이 있다고 결정한다.

이처럼 해당 공직자가 절차에 따라 주식을 처분했다고 해서 모든 일이 끝나는 것은 아니다. 법률적으로는 주식백지신탁 심사위원회의 결정에 따라 행동하면 끝나지만 인사검증과정에서는 보유주식이 직무관련성이 있다고 판단되면 보유하게 된 과정과 이익금액 등을 면밀히 따져 불이익을 받을 수 있다.

공직후보자가 비상장주식을 보유하는 것도 종종 문제가 된다. 대부분 공직후보자에게 비상장주식을 보유하게 된 경위를 물어보면 친척이나 지인이 투자를 권유하여 주식을 취득했다고 답변을 한다. 실제 대금지급 여부도 조사대상이지만 만약 기업이 주식을 상장하여 주식가격이 크게 올랐다면 사전정보에 의한 주식매입이 아닌지 의심을 받게 된다. 그리고 가끔 있는 일이지만 기업의 경영사정이 악화되어 주식이 백지상태로 될 우려가 있으면 회사대표자가 투자자금을 돌려주는 경우도 있다. 이 또한 일반인이라면 투자금을 돌려주지 않았을 것이기 때문에 문제가 된다. 고위공직자가 투자한 회사가 정부의 정책자금을 지원받아도 영향력을 행사했을 가능성이 있다는 의혹을 받을 수 있다.

공직자는 일반인보다 기업의 경영정보를 사전에 알 수 있는 유리한 조건에 있으며 기업에 여러 가지 영향력을 행사할 수 있는 위치에 있다. 그래서 법률에서 공직자의 주식보유에 대해 엄격한 제한을 두고 있다. 공직자들은 이러한 입법취지를 이해하고 주식보유에 더욱 신중할 필요가 있다고 보여진다.

공직자윤리법, 현행

제4조(등록대상재산) ① 등록의무자가 등록할 재산은 다음 각 호의 어느 하나에 해당하는 사람의 재산(소유 명의와 관계없이 사실상 소유하는 재산, 비영리법인에 출연한 재산과 외국에 있는 재산을 포함한다. 이하 같다)으로 한다.

1. 본인
2. 배우자(사실상의 혼인관계에 있는 사람을 포함한다. 이하 같다)
3. 본인의 직계존속·직계비속. 다만, 혼인한 직계비속인 여자와 외증조부모, 외조부모, 외손자녀 및 외증손자녀는 제외한다.

② 등록의무자가 등록할 재산은 다음 각 호와 같다.

1.~2. 생략
3. 다음 각 목의 동산·증권·채권·채무 및 지식재산권(知識財産權)
   가.~나. 생략
   다. 소유자별 합계액 1천만 원 이상의 주식·국채·공채·회사채 등 증권
   라.~카. 생략
4. 합명회사·합자회사 및 유한회사의 출자지분
5. 주식매수선택권

제14조의4(주식의 매각 또는 신탁) ① 등록의무자 중 제10조 제1항에 따른 공개대상자와 기획재정부 및 금융위원회 소속 공무원 중 대통령령으로 정하는 사람(이하 "공개대상자 등"이라 한다)은 본인 및 그 이해관계자(제4조 제1항 제2호 또는 제3호에 해당하는 사람을 말하되, 제4조 제1항 제3호의 사람 중 제12조 제4항에 따라 재산등록사항의 고지를 거부한 사람은 제외한다. 이하 같다) 모두가 보유한 주식의 총 가액이 1천만 원 이상 5천만 원 이하의 범위에서 대통령령으로 정하는 금액을 초과할 때에는 초과하게 된 날(공개대상자

등이 된 날 또는 제6조의3 제1항·제2항에 따른 유예사유가 소멸된 날 현재 주식의 총 가액이 1천만 원 이상 5천만 원 이하의 범위에서 대통령령으로 정하는 금액을 초과할 때에는 공개대상자 등이 된 날 또는 유예사유가 소멸된 날을, 제14조의5 제6항에 따라 주식백지신탁 심사위원회에 직무관련성 유무에 관한 심사를 청구할 때에는 직무관련성이 있다는 결정을 통지받은 날을 말한다)부터 1개월 이내에 다음 각 호의 어느 하나에 해당하는 행위를 직접 하거나 이해관계자로 하여금 하도록 하고 그 행위를 한 사실을 등록기관에 신고하여야 한다. 다만, 제14조의5 제7항에 따라 주식백지신탁 심사위원회로부터 직무관련성이 없다는 결정을 통지받은 경우에는 그러하지 아니하다.

1. 해당 주식의 매각
2. 다음 각 목의 요건을 갖춘 신탁 또는 투자신탁(이하 "주식백지신탁"이라 한다)에 관한 계약의 체결

제14조의5(주식백지신탁 심사위원회의 직무관련성 심사) ① 공개대상자 등 및 그 이해관계인이 보유하고 있는 주식의 직무관련성을 심사·결정하기 위하여 행정안전부에 주식백지신탁 심사위원회를 둔다.
② ~ ⑦ 생략
⑧ 주식의 직무관련성은 주식 관련 정보에 관한 직접적·간접적인 접근 가능성과 영향력 행사 가능성을 기준으로 판단하여야 한다.

공직자윤리법 시행령, 현행

제27조의4(주식백지신탁대상 주식의 하한가액) 법 제14조의4 제1항 각 호 외의 부분 본문 및 제14조의5 제6항에서 "대통령령으로 정하는 금액"과 법률 제7493호 공직자윤리법 중 개정법률 부칙 제2항에서 "대통령령이 정하는 금액"이란 각각 3천만 원을 말한다.

제27조의8(직무관련성의 판단기준) ① 법 제14조의5 제8항에 따른 주식의 직무관련성을 판단할 때에는 법 제14조의4 제1항에 따른 공개대상자 등이 본인이나 그 이해관계자가 보유한 주식을 발행한 기업의 경영 또는 재산상 권리에 관한 상당한 정보를 입수하거나 영향을 미칠 수 있는 직무로서 다음 각 호의 어느 하나에 해당하는 직무에 종사하거나 그 직무를 지휘·감독하는지를 고려하여야 한다.

1. 관련 업종에 관한 정책 또는 법령의 입안·집행 등에 관련되는 직무
2. 각종 수사·조사·감사 및 검사에 관련되는 직무
3. 인가·허가·면허 및 특허 등에 관련되는 직무
4. 조세의 조사·부과 및 징수에 관련되는 직무
5. 법령상 지도·감독에 관련되는 직무
6. 예산의 편성·심의·집행 또는 공사와 물품의 계약에 관련되는 직무
7. 법령상 사건의 심리 또는 심판 등에 관련되는 직무
8. 그 밖에 심사위원회가 직무관련성이 있는 것으로 인정하는 직무

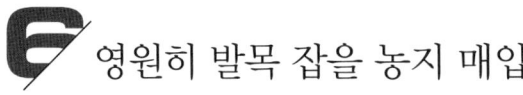 영원히 발목 잡을 농지 매입

　우리 민족이 농경민족이어서인지, 아니면 그동안 땅 투기로 부자가 된 사람이 많아서 그런지는 몰라도 농지를 보유하고 있는 공직자들이 의외로 많이 있다. 농지를 보유하게 된 시기가 60~70년대인 공직자도 가끔 있다. 농지를 매입한 원인도 상속, 증여, 매매 등 매우 다양하며, 농지소유 관련 법규도 시대상황에 따라 많이 바뀌고 종류도 많아서, 가장 골머리를 앓는 것이 농지소유의 적법성 여부를 밝히는 일이다.
　농지법의 변천사를 모르고서는 농지소유의 적법성 여부를 알 수가 없다. 그래서 먼저 농지법의 개정 흐름을 살펴본 후에 현행 농지법의 주요 내용을 설명하고자 한다.

> **건국헌법 1948.7.17 제정·시행**
>
> 제86조 농지는 농민에게 분배하며 그 분배의 방법, 소유의 한도, 소유권의 내용과 한계는 법률로써 정한다.
>
> **농지개혁법 1949.6.21 제정·시행**
>
> 제1조 본법은 헌법에 의거하여 농지를 농민에게 적정히 분배함으로써 농가경제의 자립과 농업생산력의 증진으로 인한 농민생활의 향상 내지 국민경제의 균형과 발전을 기함을 목적으로 한다.
>
> 제4조 본법의 원활한 운영을 원조하기 위하여 중앙, 시도, 부군도, 읍, 면, 동, 리에 농지위원회(이하 위원회라 함)을 설치한다.
>
> 제12조 농지의 분배는 농지의 종목, 등급 급 농가의 능력 기타에 기준한 점삭제에 의거하되 1가당 총 경영면적 3정보를 초과하지 못한다.
>
> 제17조 일체의 농지는 소작, 임대차, 위탁경영 등 행위를 금지한다. 단, 제5조 제1항 제2호 단서의 경우 급 정부가 본법 기타 법령에 의하여 인허한 경우에는 예외로 한다.
>
> 제19조 상환 미완료한 농가가 절가, 전업, 이주 등으로 인하여 이농케 되거나 또는 경작 능력의 변동 등으로 인하여 경작지의 전부 혹은 일부를 포기하려 할 때에는 소재지위원회를 경유하여 정부는 좌의 가격 급 제8조 방법에 의하여 차를 매수한다.

1948년 제정된 대한민국 헌법 제86조에서 '농지는 농민에게 분배하며 그 분배의 방법, 소유한도, 소유권의 내용과 한계는 법률로써 정한다'로 규정하여 농민만이 농지를 소유할 수 있다는 경자유전의 대원칙을 선언하였다. 헌법이 규정한 경자유전의 원칙에 따라 1949년 6월 21일 정부는 농지개혁법을 제정하여 농지는 농민만이 소유할 수 있도록 하고, 농지소유상한을 1가구당 3정보로 제한하며, 일체의 소작, 임대차, 위탁경영을 금지하는 내용으로 유상매수, 유상분배의 농지개혁을 단행하였다. 그리고 동법 제19조에서 농지매매증명제도를 도입하여 농지를 매매하기 위해서는 농지소재지 관서의 증명을 얻도록 했다.

농지매매증명제도에 대해 좀 더 부연하여 설명하자면 이 제도를 도입한 목적은 농지취득시 농지매수인의 농민 여부, 자경 여부 및 소유상한 등을 확인, 심사하여 적격 농민에게만 농지매입을 허용함으로써 비농민의 투기적 농지매입을 규제하고 헌법이 규정하고 있는 경자유전의 원칙을 실현하는 데 있었다. 농지의 소유권 이전을 하기 위해서는 농지매매증명원을 필수적으로 제출해야 했으며 현행 농지법상에도 유지되고 있다.

1. 농지개혁법상의 농지취득자격

1949년 6월 21일 제정된 농지개혁법은 1950년과 1960년에 각각 개정된 이후 1996년 농지법 제정으로 폐지될 때까지 한 번도 개정되지 않았다. 1950년과 1960년에 개정된 내용에서도 제정 법률과 크게 변경되지 않았으며, 농지를 농민만이 소유할 수 있도록 하며, 농지 소유 상한을 1가구당 3정보로 제한하고, 소작이나 임대차, 위탁경영을 금지하는 내용은 계속 이어져 왔다. 다만, 농지개혁법의 하위법령인 농지개혁법 시행령이나 시행규칙, 예규 등을 통해 농지취득을 규제해 왔다.

1950년 4월에 제정된 농지개혁법 시행규칙 제51조에는 「비농민이 농지를 매입하려면 매수자의 주소, 성명, 직업, 가족수, 매매하고자 하는 이유 등을 기재한 신청서를 농지위원회에 제출해야 하고 농지위원회에서 이를 확인」하도록 하고 있다.

1978년 개정된 농지개혁법 시행규칙 제51조는 당사자 간의 농지매매절차를 더욱 구체화하여 「농지매매증명원에 매수인의 직업, 매매하고자 하는 이유 등을 기재하여 이·동 농지위원회를 거쳐 구청장·시장 또는 읍·면장에게 제출하여야 하고, 구청장 등은 매수인이 자경을 목적으로 하는 농가이고 그 소유할 농지가 3정보를 초과하지 아니하는 때에는 7일 이내에 증명을 발급」하도록 규정하고 있다.

1980년에도 농지개혁법 시행규칙이 개정되었으나 농지취득자격에는 종전과 큰 변화는 없었다. 그러나 1988년 들어 부동산투기가 전국적으로 일어나고 사회적인 문제로 부각되자 정부는 그해 11월 동법 시행규칙 제51조를 개정하여 농지취득자격을 더욱 엄격하게 제한했다. 즉, 농민이 아닌 자가 농지매매증명원을 제출하고자 할 때에는 가족 전부가 농지의 소재지에 주민등록을 이전하고 실제 거주기간이 6개월을 경과한 경우에만 가능하도록 했다.

또한 농림수산부 예규인 '농지매매증명발급심사요령'을 제정하

농지개혁법 시행규칙 제51조 1950.4.28 제정·시행

제51조 법 제19조 제 2 항의 규정에 의하여 당사자간에 직접매매를 하고자 할 때에는 좌의 사항을 기재한 신청자를 소재지위원회를 거처 구청장, 시장 또는 군수에게 제출하여야 한다.
1. 매도자의 주소, 성명
2. 매수자의 주소, 성명, 직업, 가족수
3. 매수자의 현경농지의 표시(농가인시)
4. 매매농지의 표시(지번, 지목, 지적 및 매매가격)
5. 자작지 또는 상환완료한 증명서
6. 매매하고자 하는 이유

농지개혁법 시행규칙 제51조 1978.12.16 개정·시행

제51조(당사자간의 매매절차) ① 법 제19조 제 2 항의 규정에 의하여 당사자간에 직접매매를 하고자 할 때에는 다음 각 호의 사항을 기재한 농지매매증명원을 매수인의 거주지를 관할하는 이동농지위원회를 거쳐 구청장(서울특별시 및 부산시의 구청장을 말한다. 이하 같다) 시장 또는 읍·면장에게 제출하여야 한다. 다만, 교육법에 의하여 설립된 학교와 정부가 설립을 인가한 농업연구기관 및 공공단체가 시험지, 실습지 또는 종묘포지로 사용하기 위하여 농지를 매수하고자 하는 경우 주무부장관의 요청에 의하여 농수산부장관이 발급하는 인정서를 첨부하는 때에는 제 2 호의 사항의 기재를 요하지 아니한다.
1. 매도인 및 매수인의 주소 및 성명 또는 명칭
2. 매수인의 주민등록번호·직업 및 가족수
3. 매수인이 농가인 때에는 현재 소유하고 있는 농지의 표시
4. 매매농지의 표시(지번·지목·지적 및 매매가격)

5. 매매하고자 하는 이유

② 농지의 소재지와 매수인의 거주지가 다른 경우에는 농지의 소재지를 관할하는 이동농지 위원회와 구청장·시장 또는 읍·면장을 거친 후 제1항의 규정에 의하여 농지매매증명원을 제출하여야 한다.

③ 제1항의 농지매매증명원을 받은 구청장·시장 또는 읍·면장은 이를 검토하여 매수인이 자경을 목적으로 하는 농가이고 그 소유할 농지가 3정보를 초과하지 아니하는 때(제1항 단서에 규정된 자인 경우에는 농수산부장관이 인정하는 면적 이내인 때)에는 그 증명원을 받은 날로부터 7일 내에 증명을 발급하여야 한다.

농지개혁법 시행규칙 제51조 1988.11.3 개정·시행

제51조(농지매매증명) ① 법 제19조 제2항의 규정에 의하여 당사자가 직접농지를 매매하고자 할 때에는 별지 서식에 의한 농지매매증명원을 농지의 소재지를 관할하는 이·동의 장과 농림수산부장관이 지정하는 농민단체(이하 "농민단체"라 한다)의 확인을 거쳐, 구·시(구가 설치되어 있는 시를 제외한다. 이하 같다). 읍·면의 장에게 제출하여야 한다. 다만, 교육법에 의한 학교·정부의 인가를 받아 설립된 농업연구기관 기타 공공단체가 시험지·실습지 또는 종묘포지로 사용하기 위하여 농지를 매수하고자하는 경우로서 주무부장관의 요청에 의하여 농림수산부장관의 확인을 받은 경우에는 이·동의 장과 농민단체의 확인을 생략한다.

② 농민이 거주지 외의 구·시·읍·면에 소재하는 농지를 매수하고자 할 때에는 제1항의 규정에 의한 확인을 거치기 전에 미리 거주지를 관할하는 이·동의 장과 농민단체 및 구·시·읍·면의 장의 확인을 받아야 한다.

③ 농민이 아닌 자가 제1항의 규정에 의한 농지매매 증명원을 제출하고자 할 때에는 그 가족 전부가 농지의 소재지에 주민등록을 이전하고 실제 거주기간이 6월을 경과한 경우에 한한다.
④ 제3항의 가족의 범위는 직전 거주지에서의 퇴거일 현재 세대별 주민등록표에 기재된 가족중 농지를 매수하고자 하는 자의 배우자 및 직계존·비속으로 한다. 다만, 가족중 취학·취업·질병 등의 사유로 거주지 이동을 할 수 없다고 인정되는 자는 가족의 범위에 포함되지 아니하는 것으로 본다.
⑤ 구·시·읍·면의 장이 농지매매증명원을 접수한 때에는 매수인이 다음 각 호의 요건에 해당하는지 여부를 확인하여 접수일로부터 5일 이내에 농지매매증명을 발급하여야 한다.
  1. 매수인이 농민(제3항의 경우에는 영농을 목적으로 하는 자)이거나, 제1항 단서의 규정에 해당하는 자일 것
  2. 매수결과 매수인이 소유하게될 농지의 전체면적이 3정보(제1항 단서의 규정에 의한 자의 경우에는 농림수산부장관이 인정하는 면적) 이내일 것
  3. 농지소재지에 주민등록이 이전되어있고 실제 거주기간이 6월을 경과하였을 것(제3항의 규정에 의한 경우에 한한다)
⑥ 거주지의 구·시·읍·면의 장은 농가의 거주지 이동으로 신거주지의 구·시·읍·면의 장에게 주민등록표를 이송할 때에는 농지의 보전 및 이용에 관한 법률 제14조의 규정에 의한 농가별 농지원부를 첨부하여야 한다.

여 통작거리를 고려하여 농지매매증명원을 발급하도록 했으며, 통작거리는 4km로 내부적으로 정하고 농지와 주소지의 거리가 4km

이내여야 농지매입이 가능하도록 강화했다.

2. 농지임대차관리법상의 농지취득자격

1980년 개정 헌법 제122조는 「농지의 소작제도는 법률이 정하는 바에 의하여 금지된다. 다만, 농업생산성의 제고와 농지의 합리적인 이용을 위한 임대차 및 위탁경영은 법률이 정하는 바에 의하여 인정된다」라고 규정하였다. 이에 따라 1986년 정부는 농지임대차관리법을 제정하여 농지의 임대차와 위탁경영에 대한 구체적인 내용을 규정하였다.

"임대차"란 농지의 소유자가 영농에 종사하는 상대방에게 그 농지를 사용·수익하게 하고, 상대방이 이에 대하여 임차료를 지급할 것을 약정함으로써 성립하는 계약을 말한다. 그리고 "위탁경영"이라 함은 농지의 소유자가 타인에게 일정한 보수를 지급할 것을 약정하고 영농작업의 전부 또는 일부를 위탁하여 영농하는 행위를 말한다.

제정된 농지임대차관리법은 농지개혁법 제19조의 농지매매증명제도를 구체화하여 농지매매증명을 발급받고자 하는 자는 농지소재지를 관할하는 농지관리위원회의 위원 2인 이상의 확인을 받도록 하고 부정 발급자에는 200만 원 이하의 벌금을 부과하도록 했다. 그리고 1990년 농지임대차관리법 시행령을 제정하여 통작거리를 당초 내부적으로 4km로 인정하던 것을 8km로, 1991년 시행령

1980년 헌법 1980.10.27 개정·시행

제122조 농지의 소작제도는 법률이 정하는 바에 의하여 금지된다. 다만, 농업생산성의 제고와 농지의 합리적인 이용을 위한 임대차 및 위탁경영은 법률이 정하는 바에 의하여 인정된다.

농지임대차관리법 1986.12.31 제정, 1987.10.1 시행

제 3 조(임대차계약의 방법) ① 임대차계약은 서면에 의한 방법으로 하여야 한다.

제 4 조(임대차계약의 신고) 임대차계약의 당사자는 그 계약을 체결한 날로부터 60일 이내에 농림수산부령이 정하는 바에 의하여 농지소재지를 관할하는 시장·구청장·읍장 또는 면장에게 당해 계약의 내용을 신고하여야 한다.

제14조(위탁경영 등) 농지의 소유자는 다음 각 호의 1에 해당하는 경우를 제외하고는 그 소유농지를 위탁경영하거나 타인을 고용하여 영농할 수 없다.
1. 농지의 소유자가 농지가 소재하는 시(서울특별시 및 직할시를 포함한다)·읍 또는 면의 관할구역 안에 거주하는 경우
2. 통작거리·영농여건 등을 고려하여 대통령령이 정하는 기준에 해당하는 경우
3. 다른 법령에 특별한 규정이 있는 경우

제15조(농지관리위원회의 설치) ① 농지 및 그 임대차의 효율적인 관리를 위하여 시(구를 두지 아니한 시를 말한다. 이하 같다)·구·읍 및 면에 농지관리위원회(이하 "위원회"라 한다)를 둔다.

제19조(농지매매의 확인) 농지개혁법 제19조 제 2 항의 규정에 의한 농지매매증명을 발급받고자 하는 자는 대통령령이 정하는 바에 의

하여 농지소재지를 관할하는 위원회의 위원 2인 이상의 확인을 받아 시·구·읍 또는 면의 장에게 그 발급을 신청하여야 한다

농지임대차관리법 시행령 1990.8.27 제정, 1990.9.1 시행

제11조(위탁경영) 법 제14조 제2호의 규정에 의하여 농지를 위탁경영 하거나 타인을 고용하여 영농할 수 있는 경우는 다음 각 호와 같다.
1. 농지의 소유자가 해당 농지의 소재지로부터 8킬로미터 이내의 거리에 거주하는 경우

농지임대차관리법 시행령 1991.9.19 개정·시행

제11조(위탁경영) 법 제14조 제2호의 규정에 의하여 농지를 위탁경영 하거나 타인을 고용하여 영농할 수 있는 경우는 다음 각 호와 같다.
1. 농지의 소유자가 해당 농지의 소재지로부터 20킬로미터 이내의 거리에 거주하는 경우

농지임대차관리법 시행규칙 1993.8.3 개정·시행

제10조(농지매매증명의 발급요건 등) ① 시장·구청장·읍장 또는 면장이 제9조 제1항 및 제2항의 규정에 의하여 농지매매증명신청서를 접수한 때에는 매수인이 다음 각 호의 요건에 해당하는지의 여부를 확인하고 접수일부터 5일 이내에 농지매매증명을 발급하여야 한다. 이 경우 시장·구청장·읍장 또는 면장은 별지 제10호서식에 의한 농지매매증명발급대장과 농지원부에 그 내용을 각각 기재하여야 한다.
1. 매수인이 농민(제9조 제4항의 경우에는 자경을 목적으로 하는 자) 이거나 제9조 제2항의 규정에 해당하는 자일 것
2. 농지의 소재지에 주민등록이 이전되어 있고, 실제거주기간이 6월을 경과하였을 것(제9조 제4항 본문의 경우에 한한다)

3. 매수인의 거주지로부터 매수하고자 하는 농지까지의 거리가 통작이 가능한 거리 안일 것(제9조 제2항 및 동조 제4항 각 호의 경우를 제외한다)
4. 매수결과 매수인이 소유하게 될 농지의 전체면적이 농지소유상한면적(제9조 제2항의 경우에는 농림수산부장관이 인정하는 면적) 이하일 것

농지임대차관리법 시행규칙 1994.5.21 개정·시행

제10조(농지매매증명의 발급요건 등) ① 동일
1. 동일
2. 농지의 소재지에 주민등록이 이전되어 있고 실제로 거주하고 있을 것(제9조 제4항 본문의 경우에 한한다)
3. 동일
4. 동일

개정에서는 통작거리를 20km로 점차 확대하였다.

1994년에는 농지임대차관리법 시행규칙 제10조를 개정하여 농지매매증명을 발급받기 위해서 그동안 실제거주기간이 6월을 경과해야 했으나 이를 폐지하고 실제 거주하고 있으면 발급이 가능하도록 했다.

3. 도시계획법상의 농지취득자격 예외 규정

정부에서는 1962년 도시의 건전한 발전을 도모할 목적으로 도시

도시계획법 1962.1.20 제정·시행

제49조(타법령적용의 배제) 도시계획구역 내의 토지 또는 임야로서 제2조 각호의 시설대상에 대하여는 농지개혁법 및 산림법을 적용하지 아니한다.

도시계획법 1971.1.19 전부개정, 1971.7.20 시행

제87조(다른 법령의 배제) ① 다음 각 호의 1에 해당하는 법률은 도시계획구역 및 개발예정구역 안의 토지 및 제2조 제1항 제1호 나목 및 다목에 대하여는 이를 적용하지 아니한다.
1. 도로법 중 제40조·제41조·제50조·제51조 및 제54조의2
2. 고속국도법 중 제8조
3. 농지개혁법
4. 산림법

도시계획법 1991.12.14 일부개정, 1992.6.15 시행

제87조(다른 법령과의 관계) ① 다음 각 호의 1에 해당하는 법률은 도시계획구역에 대하여는 이를 적용하지 아니한다.
1. 도로법 중 제50조·제51조 및 제54조의2
2. 고속국도법 중 제8조
3. 농지개혁법. 다만, 제17조 제1호 제4호의 규정에 의한 녹지지역 안의 농지로서 도시계획사업에 필요하지 아니한 농지에 대하여는 동법 제19조를 적용한다.
4. 삭제

계획법을 제정했다. 동법 제49조에 '도시계획구역 내의 토지 또는 임야로서 제 2 조 각 호의 시설대상, 즉 교통, 위생, 보안, 산업, 후생 및 문화에 관한 중요시설에 필요할 때는 농지개혁법 및 산림법을 적용하지 아니한다.'로 규정하여 농지개혁법 적용 배제 조항을 두었다.

따라서 농사를 지을 목적이 아니더라도 도시계획법 제 2 조에 해당하는 시설을 위해서라면 농지매입이 가능했다. 또한 정부는 1971년 7월 도시계획법을 전면 개정하면서 동법 제87조에서 도시계획구역 및 개발예정구역 안의 농지에 대해 농지개혁법 적용을 전면적으로 배제하였다.

그러나 1991년 12월 정부는 다시 동 조항을 개정하면서 도시계획구역의 녹지지역안의 농지로서 도시계획사업에 필요하지 아니한 농지에 대해서는 농지매매증명제도를 적용하도록 하였다.

이러한 도시계획구역 안에서의 농지매매증명제도 일부 적용은 '국토의 계획 및 이용에 관한 법률'에서도 그대로 규정하여 현재까지 유효하다.

4. 국토의 계획 및 이용에 관한 법률상의 농지취득자격

동법 시행령 119조와 시행규칙 제23조에는 토지거래허가구역 내에 있는 농지를 취득할 수 있는 조건을 규정하고 있는데 매우 엄격한 제한을 두고 있다. 토지거래허가구역 내에 있는 농지를 취득하기 위해서는 농지법 제 8 조에 따른 농지취득자격증명을 발급받

국토의 계획 및 이용에 관한 법률 2002.2.4 제정, 2003.1.1 시행

제119조(허가기준) 시장·군수 또는 구청장은 제118조의 규정에 의한 허가신청이 다음 각 호의 1에 해당하는 경우에는 허가를 하여서는 아니된다.
1. 토지거래계약을 체결하고자 하는 자의 토지이용 목적이 다음 각목의 1에 해당되지 아니하는 경우
   가.~나. 생략
   다. 허가구역 안에 거주하는 농업인·임업인·어업인 또는 대통령령이 정하는 자가 당해 허가구역 안에서 농업·축산업·임업 또는 어업을 영위하기 위하여 필요한 것인 경우

국토의 계획 및 이용에 관한 법률 시행령 2002.12.26 제정, 2003.1.1 시행

제119조(허가기준) ① 법 제119조 제1호 다목에서 "대통령령이 정하는 자"라 함은 다음 각 호의 1에 해당하는 자를 말한다.
1. 농어촌발전특별조치법 제2조 제2호의 규정에 의한 농업인·임업인 또는 어업인(이하 이 조에서 "농업인 등"이라 한다)으로서 그가 거주하는 특별시·광역시·시 또는 군에 소재하는 토지를 취득하고자 하는 자
2. 농업인 등으로서 그가 거주하는 주소지로부터 20킬로미터 이내에 소재하는 토지를 취득하고자 하는 자. 이 경우 주소지로부터의 거리는 60킬로미터의 범위 안에서 건설교통부령으로 따로 정할 수 있다.
3. 제1호 및 제2호에 해당하지 아니하는 자로서 거주지·거주기간 등 건설교통부령이 정하는 요건을 갖춘 자
   ※동조항은 2011년까지 11차례 개정을 거쳤으나 주요 골격은 그대로 유지

국토의 계획 및 이용에 관한 법률 시행규칙 2002.12.31 제정, 2003.1.1 시행

제23조(토지거래계약허가를 받을 수 있는 자) 영 제119조 제 1 항 제 3 호에서 "건설교통부령이 정하는 요건을 갖춘 자"라 함은 다음 각 호의 1에 해당하는 자를 말한다.
1. 농업을 영위하기 위하여 토지를 취득하고자 하는 경우에는 다음 각목의 1에 해당하는 자
    가. 특별시·광역시, 광역시와 연접한 시·군 및 경기도의 시·군에 소재하는 토지를 취득하고자 하는 경우에는 다음의 1에 해당하는 자
    (1) 세대주를 포함한 세대원(세대주와 동일한 세대별 주민등록표상에 등재되어 있지 아니한 세대주의 배우자와 미혼인 직계비속을 포함하되, 세대주 또는 세대원 중 취학·질병요양·근무지 이전 또는 사업상 형편 등 불가피한 사유로 인하여 당해 지역에 거주하지 아니하는 자를 제외한다. 이하 같다) 전원이 당해 토지가 소재하는 특별시·광역시·시 또는 군에 주민등록이 되어 있고 실제로 당해 지역에 거주하는 자
    (2) 당해 토지가 소재하는 특별시·광역시·시 또는 군에 사무소가 있는 농업법인(농지법 제 2 조 제 3 호의 규정에 의한 농업법인을 말한다. 이하 이 조에서 같다)
    나. 제주도에 소재하는 토지를 취득하고자 하는 경우에는 다음의 1에 해당하는 자
    (1) 세대주를 포함한 세대원 전원이 제주도에 주민등록이 되어 있고 실제로 제주도에 거주하는 자
    (2) 제주도에 사무소가 있는 농업법인
    다. 가목 및 나목 외의 지역에 소재하는 토지를 취득하고자 하는 경우에는 농지법 제 8 조의 규정에 의한 농지취득자격증명을 발급받았거나 그 발급요건에 적합한 자
    ※동조항은 2011년까지 6차례 개정을 거쳤으나 주요 골격은 그대로 유지

아야 하고, 세대주를 포함한 세대원 전원이 해당 토지가 소재하는 특별시·광역시·시 또는 군에 허가신청일로부터 소급하여 6개월 이상 계속 주민등록이 되어 있는 자로서 실제로 해당 지역에 거주하고 자영할 수 있는 요건을 갖추어야 하며, 구입하려는 농지가 거주하는 주소지로부터 20㎞ 이내에 있어야 토지거래허가구역 내에 있는 농지를 매입할 수 있다.

5. 현행 농지법상의 농지취득자격 등

정부에서는 1994년 농지의 소유·거래 및 이용에 관한 각종 규제를 현실에 맞게 완화하고, 농지개혁법·농지임대차관리법·농지의 보전 및 이용에 관한 법률·농어촌발전특별조치법 등 여러 법률에 복잡하게 분산되어 있는 농지관련 법률과 제도를 통합·정비하여 농지에 관한 기본법률인 농지법을 발의하였으며 그해 12월 국회를 통과하여 1996년 1월 1일부터 시행해오고 있다.

(1) 농지의 범위

농지법에 농지란 '전·답, 과수원, 그 밖에 법적 지목을 불문하고 실제로 농작물 경작지 또는 다년생 식물 재배지로 이용되는 토지'로 규정하고 있어 지목의 여하를 불구하고 사실상 농작물의 경작에 이용되고 있으면 이를 농지로 취급한다.

여기서 말하는 다년생 식물이란 ① 목초·종묘·인삼·약초·잔디

> **농지법 1994.12.22 제정, 1996.1.1 시행**
>
> 제 2 조(정의) 이 법에서 사용하는 용어의 뜻은 다음과 같다.
> 1. "농지"란 다음 각 목의 어느 하나에 해당하는 토지를 말한다.
>   가. 전·답, 과수원, 그 밖에 법적 지목(地目)을 불문하고 실제로 농작물 경작지 또는 다년생 식물 재배지로 이용되는 토지. 다만, 「초지법」에 따라 조성된 초지 등 대통령령으로 정하는 토지는 제외한다.
>   나. 가목의 토지의 개량시설과 가목의 토지에 설치하는 농축산물 생산 시설로서 대통령령으로 정하는 시설의 부지

및 조림용 묘목, ② 과수·뽕나무·유실수 그 밖의 생육기간이 2년 이상인 식물, ③ 조경 또는 관상용 수목과 그 묘목(조경목적으로 식재한 것은 제외)을 말한다. 농지법을 위반하지 않기 위해서는 농지의 범위와 다년생 식물의 내용을 명확히 알아두는 것이 좋다. 특히 다년생 식물을 재배해도 농업에 종사하는 것이 되기 때문에 현행법상 주말에만 내려가서 다년생 식물을 관리해도 자경하는 것이 된다.

(2) 농지소유제한(농지법 제 6 조)

농지법 제 6 조에 '농지는 자기의 농업경영에 이용하거나 이용할 자가 아니면 소유하지 못한다'로 규정하고 있다. 여기서 '농업경영'이라 함은 농업인이나 농업법인이 자기의 계산과 책임으로 농업을 영위하는 것을 말한다. 그리고 농업인이란 「농업에 종사하는 개인으로서 1천제곱미터 이상의 농지에서 농작물 또는 다년생 식물을

경작, 혹은 재배하거나 1년 중 90일 이상 농업에 종사하는 자, 또는 농업경영을 통한 농산물의 연간 판매액이 120만 원 이상인 자」 등 동법 시행령에서 규정한 4가지 조건을 충족하는 자를 말하며, 농업법인이란 농업·농촌 기본법에 따라 설립된 영농조합법인과 같은 농업회사법인을 말한다.

그리고, 농지법에는 예외조항을 두어 자기의 농업경영에 이용하지 아니할지라도 농지를 소유할 수 있도록 하고 있는데, 대표적인 경우가 「① 주말·체험영농을 하려고 농지를 소유하는 경우, ② 상속으로 농지를 취득한 경우, ③ 8년 이상 농업경영을 하던 자가 이농한 후에도 이농 당시 소유하고 있던 농지를 계속 소유하고 있는 경우, ④ 간척지와 같이 공유수면매립법에 따라 매립농지를 취득하여 소유하는 경우」 등이다.

농지소유와 관련해서 중요하고 논란이 많은 용어가 '자기의 농업경영'과 '자경(自耕)'의 해석이다. '자경'이란 '농업인이 그 소유 농지에서 농작물 경작 또는 다년생식물 재배에 상시 종사하거나 농작업(農作業)의 2분의 1 이상을 자기의 노동력으로 경작 또는 재배하는 것과 농업법인이 그 소유 농지에서 농작물을 경작하거나 다년생 식물을 재배하는 것'을 말하기 때문에 '자기의 농업경영'보다 폭이 좁은 개념이다.

앞서 설명한 바와 같이 농지법에는 '자기의 농업경영'의 의미를 '자기의 계산과 책임으로 농업을 영위하는 것'으로 규정하고 있다. 그렇다면 '자기의 계산과 책임으로 농업을 영위하는 것'이란 무엇

> **농지법, 현행**

제2조(정의) 이 법에서 사용하는 용어의 뜻은 다음과 같다.
1. 생략
2. "농업인"이라 함은 농업에 종사하는 개인으로서 대통령령이 정하는 자를 말한다.
3. "농업법인"이라 함은 농어촌발전특별조치법 제6조의 규정에 의하여 설립된 영농조합법인과 다음 각 목의 요건에 모두 적합한 동법 제7조의 규정에 의하여 설립된 농업회사법인을 말한다.
4. "농업경영"이라 함은 농업인 또는 농업법인이 자기의 계산과 책임으로 농업을 영위하는 것을 말한다.
5. "자경"이라 함은 농업인이 그 소유농지에서 농작물의 경작 또는 다년성 식물의 재배에 상시 종사하거나 농작업의 2분의 1이상을 자기의 노동력에 의하여 경작 또는 재배하는 것과 농업법인이 그 소유농지에서 농작물을 경작하거나 다년성 식물을 재배하는 것을 말한다.
6. "위탁경영"이라 함은 농지의 소유자가 타인에게 일정한 보수를 지급할 것을 약정하고 농작업의 전부 또는 일부를 위탁하여 행하는 농업경영을 말한다.

제6조(농지의 소유제한) ① 농지는 자기의 농업경영에 이용하거나 이용할 자가 아니면 이를 소유하지 못한다.
② 다음 각 호의 어느 하나에 해당하는 경우에는 제1항에도 불구하고 자기의 농업경영에 이용하지 아니할지라도 농지를 소유할 수 있다.
1.~2. 생략

3. 주말·체험영농(농업인이 아닌 개인이 주말 등을 이용하여 취미생활이나 여가활동으로 농작물을 경작하거나 다년생 식물을 재배하는 것을 말한다. 이하 같다)을 하려고 농지를 소유하는 경우〈2002.12. 18 신설〉
4. 상속[상속인에게 한 유증(遺贈)을 포함한다. 이하 같다]으로 농지를 취득하여 소유하는 경우
5. 대통령령으로 정하는 기간 이상 농업경영을 하던 자가 이농(離農)한 후에도 이농 당시 소유하고 있던 농지를 계속 소유하는 경우
6.~9. 생략
10. 다음 각 목의 어느 하나에 해당하는 경우
   가. 「한국농어촌공사 및 농지관리기금법」에 따라 한국농어촌공사가 농지를 취득하여 소유하는 경우
   나. 「농어촌정비법」 제16조 · 제25조 · 제43조 · 제82조 또는 제100조에 따라 농지를 취득하여 소유하는 경우
   다. 「공유수면매립법」에 따라 매립농지를 취득하여 소유하는 경우
   라.~사. 생략

농지법 시행령, 현행

제3조(농업인의 범위) 법 제2조 제2호에서 "대통령령으로 정하는 자"란 다음 각 호의 어느 하나에 해당하는 자를 말한다.
1. 1천제곱미터 이상의 농지에서 농작물 또는 다년생 식물을 경작 또는 재배하거나 1년 중 90일 이상 농업에 종사하는 자
2. 농지에 330제곱미터 이상의 고정식온실·버섯재배사·비닐하우스, 그 밖의 농림수산식품부령으로 정하는 농업생산에 필요한 시설을 설치하여 농작물 또는 다년생 식물을 경작 또는 재배하는 자

> 3. 대가축 2두, 중가축 10두, 소가축 100두, 가금 1천 수 또는 꿀벌 10군 이상을 사육하거나 1년 중 120일 이상 축산업에 종사하는 자
> 4. 농업경영을 통한 농산물의 연간 판매액이 120만 원 이상인 자

을 의미하는 것일까? 좀 심하게 말하면 농지소유자가 직접 농사를 짓지 않고 일꾼을 고용하여 무슨 농작물을 심을지, 약은 어떻게 칠지, 수확은 어떻게 할지 등을 본인 책임하에 결정하면 '자기의 계산과 책임으로 농업을 영위하는 것'이 되는 것이다. 여기에서 조심해야 할 것이 일꾼을 고용하여 농사짓는 것을 완전히 맡겨버리면 자영이 아니라 위탁경영이 되며 위탁경영 조건은 일정 조건하에서만 허용되니 조심해야 한다.

(3) 농지소유 상한

상속으로 농지를 취득하고 농업경영을 하지 아니하는 자와 8년 이상 농업경영을 한 후 이농한 자는 총 1만㎡까지만 소유할 수 있으며, 주말·체험영농 목적의 농지는 1천㎡까지 소유가 가능하다. 그런데 가끔씩 1천㎡ 이상 농지를 소유하고 있으면서 농지 매입목적이 무엇이냐고 물으면, '주말농장용'이라고 답변하는 공직자가 있다. 이런 사람들은 모두 농지법을 위반하고 있는 셈이다.

> **농지법, 현행**
>
> **제7조(농지소유 상한)** ① 상속으로 농지를 취득한 자로서 농업경영을 하지 아니하는 자는 그 상속 농지 중에서 총 1만제곱미터까지만 소유할 수 있다.
> ② 대통령령으로 정하는 기간 이상 농업경영을 한 후 이농한 자는 이농 당시 소유 농지 중에서 총 1만제곱미터까지만 소유할 수 있다.
> ③ 주말·체험영농을 하려는 자는 총 1천제곱미터 미만의 농지를 소유할 수 있다. 이 경우 면적 계산은 그 세대원 전부가 소유하는 총면적으로 한다
> ④ 제23조 제7호에 따라 농지를 임대하거나 사용대(使用貸)하는 경우에는 제1항 또는 제2항에도 불구하고 소유 상한(上限)을 초과할지라도 그 기간에는 그 농지를 계속 소유할 수 있다.

(4) 농지취득자격 증명 발급

농지를 취득하려는 자는 농지소재지를 관할하는 시장, 구청장, 읍장, 면장에게서 농지취득자격증명을 발급받아야 한다. 다만, 상속으로 인한 농지취득이나 공유수면매립법에 따라 매립농지를 취득하는 경우 등은 농지취득자격증명을 발급받지 않고 농지를 취득할 수 있다.

그리고 농지법에서는 구(舊) 농지임대차관리법상 농지취득자격증명에 필요했던 통작거리와 실제거주요건을 폐지하고, 대신 불법·위장농지 구입을 방지한 수단으로 농지 거래시 필요한 농지취

> **농지법, 현행**
>
> **제 8 조(농지취득자격증명의 발급)** ① 농지를 취득하려는 자는 농지 소재지를 관할하는 시장, 구청장, 읍장 또는 면장에게서 농지취득자격증명을 발급받아야 한다. 다만, 다음 각 호의 어느 하나에 해당하면 농지취득자격증명을 발급받지 아니하고 농지를 취득할 수 있다.
> 1. 제 6 조 제 2 항 제 1 호·제 4 호·제 6 호·제 8 호 또는 제10호(같은 호 바목은 제외한다)에 따라 농지를 취득하는 경우
> 2. 농업법인의 합병으로 농지를 취득하는 경우
> 3. 공유 농지의 분할이나 그 밖에 대통령령으로 정하는 원인으로 농지를 취득하는 경우
> ② 제 1 항에 따른 농지취득자격증명을 발급받으려는 자는 다음 각 호의 사항이 모두 포함된 농업경영계획서를 작성하여 농지 소재지를 관할하는 시·구·읍·면의 장에게 발급신청을 하여야 한다. 다만, 제 6 조 제 2 항 제 2 호·제 3 호·제 7 호·제 9 호·제 9 호의2 또는 제10호 바목에 따라 농지를 취득하는 자는 농업경영계획서를 작성하지 아니하고 발급신청을 할 수 있다.
> 1. 취득 대상 농지의 면적
> 2. 취득 대상 농지에서 농업경영을 하는 데에 필요한 노동력 및 농업 기계·장비·시설의 확보 방안
> 3. 소유 농지의 이용 실태(농지 소유자에게만 해당한다)
> ③ 생략
> ④ 제 1 항 본문과 제 2 항에 따라 농지취득자격증명을 발급받아 농지를 취득하는 자가 그 소유권에 관한 등기를 신청할 때에는 농지취득자격증명을 첨부하여야 한다.

득자격증명을 발급받기 위해서는 농업경영계획서를 작성하여 제출토록 했다.

농업경영계획서 양식에는 필요한 노동력 및 농업기계, 장비 등의 확보 방안을 모두 기재하게 되어 있는데, 이를 비농업인의 경우 중개인·법무사 등이 대신하여 허위로 작성하는 사례가 상당히 많아 농지취득의 부당 여부를 판단하는 데 중요한 근거자료로 이용된다. 상속받은 농지가 아닌 경우에는 본인이 농지를 취득할 때 제출하는 농업경영계획서 내용을 확인해 보는 것이 매우 중요하다. 다만, 주말·체험영농 목적으로 농지를 매입할 때는 농업경영계획서가 필요하지 않다.

(5) 농지의 위탁경영

'위탁경영'이란 농지소유자가 타인에게 일정한 보수를 지급하기로 약정하고 농작업의 전부 또는 일부를 위탁하여 행하는 농업경영을 말한다. 농지법에서는 위탁경영을 할 수 있는 조건을 엄격하게 규정하고 있는데, ① 병역법에 따라 징집 또는 소집된 경우, ② 질병·취학·선거에 따른 공직취임과 부상으로 3월 이상의 치료가 필요한 경우, ③ 3개월 이상 국외여행 중인 경우 등이다. 그런데, 인사검증을 하다가 보면 법적 조건이 되지 않는데도 이웃에게 한 달에 얼마의 돈을 주고 농사를 맡기고 있다고 답변하는 사례가 종종 있다. 이럴 경우 불법 '위탁경영'이 되니 조심해야 한다.

> **농지법, 현행**
>
> **제9조(농지의 위탁경영)** 농지 소유자는 다음 각 호의 어느 하나에 해당하는 경우 외에는 소유 농지를 위탁경영할 수 없다.
> 1. 「병역법」에 따라 징집 또는 소집된 경우
> 2. 3개월 이상 국외 여행 중인 경우
> 3. 농업법인이 청산 중인 경우
> 4. 질병, 취학, 선거에 따른 공직 취임, 그 밖에 대통령령으로 정하는 사유로 자경할 수 없는 경우
> 5. 제17조에 따른 농지이용증진사업 시행계획에 따라 위탁경영하는 경우
> 6. 농업인이 자기 노동력이 부족하여 농작업의 일부를 위탁하는 경우

(6) 소작의 금지

헌법 제121조에는 농지의 소작제도를 원천적으로 금지하고 있으며, 대신에 임대차와 위탁경영은 법률이 정하는 범위 내에서 허용하도록 하고 있다. 소작제도란 남의 농토를 빌려서 농사를 짓고 그 대가로 생산물의 일정비율을 농지소유자에게 주는 제도를 말한다.

따라서 타인에게 일정한 보수를 지급하고 농사를 맡기는 위탁경영이나 수확량과는 무관하게 농지사용 대가를 지급할 것을 약정함으로써 성립하는 임대차와는 엄연히 다르다. 그런데도 본인소유의 농지를 어떻게 관리하느냐고 물으면 타인에게 농사를 짓게 하고

> **헌법, 1987.10.29 전부개정, 1988.2.25 시행**
>
> **제121조** ① 국가는 농지에 관하여 경자유전의 원칙이 달성될 수 있도록 노력하여야 하며, 농지의 소작제도는 금지된다.
> ② 농업생산성의 제고와 농지의 합리적인 이용을 위하거나 불가피한 사정으로 발생하는 농지의 임대차와 위탁경영은 법률이 정하는 바에 의하여 인정된다.

생산량의 일정비율을 받고 있다는 사람이 가끔씩 있다. 이는 사실상 소작에 해당하는 것으로 법률위반 사항이다.

(7) 농지의 임대차 또는 사용대차

임대차란 농지의 소유주가 영농에 종사하는 상대방에게 그 농지를 사용·수익하게 하고 상대방은 이에 대해 임차료를 지급하는 것을 말한다. 임대차와 유사한 용어로 사용대차가 있는데, 계약기간이 종료된 때 농지를 소유주에게 반환하여야 한다는 점에서는 사용대차와 임대차가 동일하나, 사용대차는 무상계약이고 임대차는 유상계약이라는 점에서 차이가 있다.

앞서 설명한 바와 같이 헌법 제121조 제 2 항에는 농지를 타인에게 임대 또는 사용대하는 것을 원칙적으로 금지하고 있으며, 농업생산성의 제고와 농지의 합리적인 이용을 위하거나 불가피한 사정이 있는 경우에 한해 법률로 인정하고 있다. 현행 농지법에는 농지를 임대차 및 사용대차할 수 있는 경우를 엄격히 제한하고 있는데,

> **농지법, 현행**
>
> **제23조(농지의 임대차 또는 사용대차)** 다음 각 호의 어느 하나에 해당하는 경우 외에는 농지를 임대하거나 사용대(使用貸)할 수 없다.
> 1. 제6조 제2항 제1호·제4호부터 제9호까지·제9호의2 및 제10호의 규정에 해당하는 농지를 임대하거나 사용대하는 경우
> 2. 제17조에 따른 농지이용증진사업 시행계획에 따라 농지를 임대하거나 사용대하는 경우
> 3. 질병, 징집, 취학, 선거에 따른 공직취임, 그 밖에 대통령령으로 정하는 부득이한 사유로 인하여 일시적으로 농업경영에 종사하지 아니하게 된 자가 소유하고 있는 농지를 임대하거나 사용대하는 경우
> 4. 60세 이상이 되어 더 이상 농업경영에 종사하지 아니하게 된 자로서 대통령령으로 정하는 자가 소유하고 있는 농지 중에서 자기의 농업경영에 이용한 기간이 5년이 넘은 농지를 임대하거나 사용대하는 경우
> 5. 제6조 제1항에 따라 소유하고 있는 농지를 주말·체험영농을 하려는 자에게 임대하거나 사용대하는 경우, 또는 주말·체험영농을 하려는 자에게 임대하는 것을 업(業)으로 하는 자에게 임대하거나 사용대하는 경우
> 6. 제6조 제1항에 따라 개인이 소유하고 있는 농지를 한국농어촌공사나 그 밖에 대통령령으로 정하는 자에게 위탁하여 임대하거나 사용대하는 경우
> 7. 다음 각 목의 어느 하나에 해당하는 농지를 한국농어촌공사나 그 밖에 대통령령으로 정하는 자에게 위탁하여 임대하거나 사용대하는 경우

> 가. 상속으로 농지를 취득한 자로서 농업경영을 하지 아니하는 자가 제7조 제1항에서 규정한 소유 상한을 초과하여 소유하고 있는 농지
> 나. 대통령령으로 정하는 기간 이상 농업경영을 한 후 이농한 자가 제7조 제2항에서 규정한 소유 상한을 초과하여 소유하고 있는 농지

주요 내용은 「① 상속으로 농지를 취득하여 소유하는 경우, ② 8년 이상 농업경영을 하던 자가 이농한 후에도 이농 당시 소유하고 있던 농지를 계속 소유하고 있는 경우, ③ 공유수면매립법에 따라 매립농지를 취득하여 소유하는 경우, ④ 질병·취학·선거에 따른 공직취임의 경우, ⑤ 60세 이상 고령의 은퇴농가가 자기의 농업경영에 이용한 기간이 5년을 초과한 농지, ⑥ 주말·체험영농을 하려고 농지를 소유하는 경우」 등이다.

(8) 농업경영에 이용하지 아니하는 농지 처분(농지법 제10조)

농지법 제10조에는 아래와 같은 사유가 발생하면 발생한 날로부터 1년 이내에 해당 농지를 처분하도록 규정하고 있다. 처분 사유의 주요내용으로 「① 자기의 농업경영에 이용하지 않는 경우, ② 소유 상한을 초과하여 농지를 소유한 경우, ③ 농지취득자격증명을 허위로 발급받아 농지를 취득한 경우, ④ 농업경영계획서를 이행하지 않은 경우」 등이다.

만약 처분의무 기간에 농지를 처분하지 않으면 시장·군수 또는 구청장은 농지소유자에게 6개월 이내에 그 농지를 처분할 것을 명

농지법, 현행

제10조(농업경영에 이용하지 아니하는 농지 등의 처분) ① 농지 소유자는 다음 각 호의 어느 하나에 해당하게 되면 그 사유가 발생한 날부터 1년 이내에 해당 농지(제 6 호의 경우에는 농지소유 상한을 초과하는 면적에 해당하는 농지를 말한다)를 처분하여야 한다.

1. 소유 농지를 자연재해·농지개량·질병 등 대통령령으로 정하는 정당한 사유 없이 자기의 농업경영에 이용하지 아니하거나 이용하지 아니하게 되었다고 시장(구를 두지 아니한 시의 시장을 말한다. 이하 이 조에서 같다)·군수 또는 구청장이 인정한 경우
2. 농지를 소유하고 있는 농업회사법인이 제 2 조 제 3 호의 요건에 맞지 아니하게 된 후 3개월이 지난 경우
3. 제 6 조 제 2 항 제 2 호에 따라 농지를 취득한 자가 그 농지를 해당 목적사업에 이용하지 아니하게 되었다고 시장·군수 또는 구청장이 인정한 경우
4. 제 6 조 제 2 항 제 3 호에 따라 농지를 취득한 자가 자연재해·농지개량·질병 등 대통령령으로 정하는 정당한 사유 없이 그 농지를 주말·체험영농에 이용하지 아니하게 되었다고 시장·군수 또는 구청장이 인정한 경우
5. 제 6 조 제 2 항 제 7 호에 따라 농지를 취득한 자가 취득한 날부터 2년 이내에 그 목적사업에 착수하지 아니한 경우

5의2. 제 6 조 제 2 항 제10호 마목에 따른 농림수산식품부장관과의 협의를 마치지 아니하고 농지를 소유한 경우

5의3. 제 6 조 제 2 항 제10호 바목에 따라 소유한 농지를 한국농어촌공사에 지체 없이 위탁하지 아니한 경우

6. 제7조에 따른 농지소유 상한을 초과하여 농지를 소유한 것이 판명된 경우
7. 거짓이나 그 밖의 부정한 방법으로 제8조 제1항에 따른 농지 취득자격증명을 발급받아 농지를 소유한 것이 판명된 경우
8. 자연재해·농지개량·질병 등 대통령령으로 정하는 정당한 사유 없이 제8조 제2항에 따른 농업경영계획서 내용을 이행하지 아니하였다고 시장·군수 또는 구청장이 인정한 경우

② 시장·군수 또는 구청장은 제1항에 따라 농지의 처분의무가 생긴 농지의 소유자에게 농림수산식품부령으로 정하는 바에 따라 처분 대상 농지, 처분의무 기간 등을 구체적으로 밝혀 그 농지를 처분하여야 함을 알려야 한다.

제11조(처분명령과 매수 청구) ① 시장(구를 두지 아니한 시의 시장을 말한다)·군수 또는 구청장은 제10조에 따른 처분의무 기간에 처분 대상 농지를 처분하지 아니한 농지 소유자에게 6개월 이내에 그 농지를 처분할 것을 명할 수 있다.

령할 수 있고, 동법 제62조에 처분명령을 이행하지 아니한 자에게는 이행강제금을 부과하도록 규정하고 있다.

(9) 1996년 1월 1일 이전 소유농지에 대한 농지법 적용 배제
(농지법 부칙 제5조)

농지법은 부칙 제5조에 '기존 농지소유자에 관한 경과조치'를 두어 '시행일인 1996년 1월 1일 당시 농지를 소유하고 있는 자에 대하여는 제6조 제1항·제10조·제11조·제23조 및 제62조를 적

> **농지법, 1994.12.22 제정, 1996.1.1 시행**
>
> (부칙)
>
> 제5조(기존 농지소유자에 관한 경과조치) ① 이 법 시행 당시 농지를 소유하고 있는 자에 대하여는 제6조 제1항·제10조·제11조·제22조 및 제65조의 규정은 당해 소유농지에 관하여 이를 적용하지 아니하되, 종전의 농어촌발전특별조치법 제43조의3 제2항의 규정에 의하여 농지를 처분하여야 하는 자가 처분하지 아니한 처분대상농지에 대한 처분기한 및 협의매수 등에 관하여는 종전의 농어촌발전특별조치법 제43조의3의 규정에 의한다.
> ② 이 법 시행 당시 제7조의 규정에 의한 농지의 소유상한을 초과하여 농지를 소유하고 있는 자는 동조의 규정에 불구하고 당해 농지를 계속 소유할 수 있다.

용하지 아니한다'라고 규정하였다. 즉, 1996년 1월 1일 이전에 소유하게 된 농지는 자기의 농업경영에 이용하지 않고 방치해 두어도 농지법 위반이 아니며, 농지처분 대상도 아니고, 임대차 또는 사용대차와 관련해서도 제한을 받지 않는다.

그렇지만, 1996년 1월 1일 이전에 농지를 소유하게 되어 비록 농지법 위반은 아닐지 몰라도 헌법이 정하고 있는 '농지의 경자유전'의 정신에 따라 소유하고 있는 농지가 투기성 등으로 적절하지 못하다고 판정되면 불이익을 충분히 받을 수 있다.

6. 「부동산소유권이전등기 등에 관한 특별조치법」과 농지법 관계

「부동산소유권이전등기 등에 관한 특별조치법」은 부동산등기법에 따라 등기하여야 할 부동산으로서 소유권 보존등기가 되어 있지 아니하거나 매매·증여·교환 등에 의하여 사실상 양도된 부동산, 상속받은 부동산 등을 용이한 절차에 의하여 등기할 수 있도록 하기 위해 제정한 법률로 1977년, 1992년, 2005년 세 차례에 걸쳐 한시법으로 시행되었다.

그리고 특조법 부칙 제7조에는 동법에 따른 등기를 신청하는 경우에 '「농지법」 제8조 제4항의 규정에 따른 농지취득자격증명에 관한 규정을 적용하지 아니한다'로 규정하고 있어, 특조법에 따른 농지의 등기시에는 농지취득자격증명을 첨부하지 않고도 가능하다. 그렇지만 특조법에 의한 농지취득시에도 농지법 제6조(농지소유제한), 제10조(농지처분), 제11조(농지처분명령), 제23조(농지의 임대차 또는 사용대차) 등의 규정은 적용된다.

> **부동산소유권이전등기 등에 관한 특별조치법, 2005.5.26 제정, 2006.1.1 시행**
>
> (부칙)
> **제7조(다른 법률과의 관계)** 이 법의 규정에 따른 등기를 신청하는 경우에는 「농지법」 제8조 제4항의 규정에 따른 농지취득자격증명에 관한 규정을 적용하지 아니한다.

7 투기꾼으로 몰리기 쉬운 임야 구입

　임야의 매매는 농지에 비해 훨씬 자유롭다. 토지거래허가구역 밖의 임야는 누구나 자유롭게 취득할 수 있다. 그러나 토지거래허가구역 내의 임야는 농지와 같이 '국토의 계획 및 이용에 관한 법률'의 규정에 따라 구입하려는 토지가 거주하는 주소지로부터 20㎞ 이내에 있어야 하고, 세대주를 포함한 세대원 전원이 해당 토지가 소재하는 특별시·광역시·시 또는 군에 허가 신청일로부터 소급하여 6개월 이상 계속 주민등록이 되어 있는 자로서 실제로 해당 지역에 거주하고 자영할 수 있는 요건을 갖추어야 취득이 가능하다.
　허가대상은 2003년 1월 1일부터 비도시지역의 경우 면적이 2천㎡ 이상이었으나 2005년 1월 15일부터 1천㎡로 허가조건을 더욱 강화하였다.

특히, 1980년대 말에 부동산투기가 임야를 중심으로 성행함에 따라 그 폐해가 심각하여 이를 방지하기 위해 1990년 산림법 제111조를 개정하여 임야매매 증명제도를 시행하였다. 임야매매증명은 산림법에 의한 보안림 및 천연보호림을 제외한 임야로서 매수하고자 하는 면적이 2천㎡ 이상인(1994.3.2 면적을 1만㎡ 이상으로 확대 개정) 임야를 발급대상으로 하였는데, 산림경영계획서 등 심사를 거쳐 실수요자에 한해 매입을 허용하였다. 그러나 이러한 임야매매증명제도는 1997년 산림법이 개정되면서 폐지되었다.

인사청문회나 인사검증을 하다가 보면 임야를 소유하고 있는 후보자들이 의외로 많다. 가끔씩 임야매매증명제도가 시행될 시기(1990.7~1997.4)에 임야를 매입한 후보자 중에서 허위로 산림경영계획서를 작성한 사례가 발견되어 불이익을 받기도 한다.

본인이 매입한 임야는 물론이고 부모로부터 상속·증여받은 임야의 경우에도 부모가 매입 당시의 시기와 토지거래허가구역 여부 등을 자세히 살펴보고 불법이나 부당한 거래는 없었는지 꼼꼼히 챙겨봐야 할 필요가 있다.

임야를 소유하고 있는 후보자들에게 임야구입 목적을 물어보면 대부분이 선산용이라거나 노후용이라고 대답한다. 그렇지만 토지를 매입한 시기나 위치, 실제 묘지로 활용하고 있는지 등을 조사해 보면 투기성 여부가 쉽게 드러난다. 투기적 목적으로 임야를 매입했다고 판단이 되면 고위공직에 임명될 때 상당한 불이익을 받게 되므로 공직자는 가능한 임야 구입을 하지 않는 것이 좋다.

국토의 계획 및 이용에 관한 법률 시행령 2002.12.26 제정, 2003.1.1 시행

제118조(토지거래계약의 허가를 요하지 아니하는 토지의 면적 등)
① 법 제118조 제 2 항의 규정에 의하여 토지거래계약의 허가를 요하지 아니하는 토지의 면적은 다음 각 호와 같다. 다만, 건설교통부장관이 허가구역을 지정할 당시 당해 지역에서의 거래실태 등에 비추어 다음 각 호의 면적으로 하는 것이 타당하지 아니하다고 인정하여 당해 기준면적의 3배의 범위 안에서 따로 정하여 공고한 경우에는 그에 의한다.
1. 주거지역 : 180제곱미터 이하
2. 상업지역 : 200제곱미터 이하
3. 공업지역 : 660제곱미터 이하
4. 녹지지역 : 200제곱미터 이하
5. 도시지역 안에서 제30조 각 호의 규정에 의한 용도지역의 지정이 없는 구역 : 180제곱미터 이하
6. 도시지역 외의 지역 : 500제곱미터 이하. 다만, 농지의 경우는 1천제곱미터 이하로 하고, 임야의 경우는 2천제곱미터 이하로 한다.
(※2005년부터 임야의 경우 '1천제곱미터'로 개정)

제119조(허가기준) ① 법 제119조 제 1 호 다목에서 "대통령령이 정하는 자"라 함은 다음 각 호의 1에 해당하는 자를 말한다.
1. 농어촌발전특별조치법 제 2 조 제 2 호의 규정에 의한 농업인·임업인 또는 어업인(이하 이 조에서 "농업인 등"이라 한다)으로서 그가 거주하는 특별시·광역시·시 또는 군에 소재하는 토지를 취득하고자 하는 자

2. 농업인 등으로서 그가 거주하는 주소지로부터 20킬로미터 이내에 소재하는 토지를 취득하고자 하는 자. 이 경우 주소지로부터의 거리는 60킬로미터의 범위 안에서 건설교통부령으로 따로 정할 수 있다.
3. 제1호 및 제2호에 해당하지 아니하는 자로서 거주지·거주기간 등 건설교통부령이 정하는 요건을 갖춘 자
※ 동조항은 2011년까지 11차례 개정을 거쳤으나 주요 골격은 그대로 유지

국토의 계획 및 이용에 관한 법률 시행규칙 2002.12.31 제정, 2003.1.1 시행

제23조(토지거래계약허가를 받을 수 있는 자) 영 제119조 제1항 제3호에서 "건설교통부령이 정하는 요건을 갖춘 자"라 함은 다음 각 호의 1에 해당하는 자를 말한다.

1. 생략
2. 임업·축산업 또는 수산업을 영위하기 위하여 토지를 취득하고자 하는 경우에는 다음 각 목의 1에 해당하는 자

　가. 농어촌발전특별조치법 제2조 제2호의 규정에 의한 농업인·임업인 또는 어업인으로서 그가 거주하는 특별시·광역시·시 또는 군에 연접한 특별시·광역시·시 또는 군에 소재하는 토지를 취득하고자 하는 자

　나. 세대주를 포함한 세대원 전원이 당해 토지가 소재하는 특별시·광역시·시 또는 군이나 그와 연접한 특별시·광역시·시 또는 군에 6월 이상 주민등록이 되어 있는 자로서 실제로 거주하고 자영할 수 있는 요건을 갖춘 자

　다. 생략

산림법 1990.1.13 전문개정, 1990.7.14 시행

제111조(임야의 매매) ① 산림을 경영하고자 하거나 산림경영 외의 목적으로 이용하기 위하여 대통령령이 정하는 임야를 매수하고자 하는 자는 임야의 소재지를 관할하는 시장·군수의 임야매매증명(이하 "매매증명"이라 한다)을 발급받아야 한다. 다만, 대통령령이 정하는 매수자의 경우에는 그러하지 아니하다.

② 시장·군수가 제1항의 규정에 의한 매매증명을 발급하고자 할 때에는 다음 각 호의 1에 해당하는 실수요자에 한하여 발급하여야 한다.

1. 조림·육림·종묘·임산물생산·관상수재배 기타 산림경영사업을 위하여 임야를 매수하고자 하는 자로서 당해 임야에 대한 5년 이상의 산림에 관한 경영계획서(이하 "산림경영계획서"라 한다)를 제출한 자
2. 제1호 외의 목적으로 이용하기 위하여 임야를 매수하고자 하는 자로서 당해 임야에 관한 이용계획서(이하 "임야이용계획서"라 한다)를 제출한 자

③ 제1항의 규정에 의한 매매증명의 발급절차 기타 필요한 사항은 농림수산부령으로 정한다.

부동산 취득시 다운계약서 작성은 위법인가?

다운(Down)계약서란 부동산 거래 때 실거래가보다 낮은 가격으로 작성한 계약서를 말한다. 국회 인사청문회를 보면 단골메뉴로 등장하는 것이 다운계약서 작성의 불법 논란이다. 그렇다면 부동산 거래시 작성하는 다운계약서는 과연 불법인가?

확실한 것은 '공인중개사의 업무 및 부동산 거래신고에 관한 법률'이 시행된 2006년 1월 1일 이후에 다운계약서를 작성해서 신고했다면 불법이다. 왜냐하면 동법에서 처음으로 부동산 취득시 거래당사자가 실제 거래가격을 관할 시·군·구에 신고하도록 의무화

> **공인중개사의 업무 및 부동산 거래신고에 관한 법률 2006.1.1**
> 시행, 2005.7.29 전부개정
>
> **제27조(부동산거래의 신고)** ① 거래당사자는 다음 각 호의 어느 하나에 해당하는 부동산 또는 부동산을 취득할 수 있는 권리에 관한 매매계약을 체결한 때에는 부동산 등의 실제 거래가격 등 대통령령이 정하는 사항을 거래계약의 체결일부터 30일 이내에 당해 토지 또는 건축물 소재지의 관할 시장·군수 또는 구청장에게 공동으로 신고하여야 한다.
> 1. 토지 또는 건축물
> 2. 「도시 및 주거환경정비법」 제48조의 규정에 따른 관리처분계획의 인가로 인하여 취득한 입주자로 선정된 지위
> 3. 「주택법」 제16조의 규정에 따른 사업계획승인을 얻어 건설공급하는 주택의 입주자로 선정된 지위

했기 때문이다.

　문제는 동법이 시행되기 이전이다.

　'공인중개사의 업무 및 부동산 거래신고에 관한 법률'이 시행되기 전에는 이를 대체하던 법률이 '부동산 중개업법'이었다. 그러나 부동산 중개업법에는 어느 규정에도 실거래가액을 신고하라는 조항은 없었다.

　부동산 실거래가액 신고제도를 도입할 당시의 배경을 살펴보면 김대중 정부 말기부터 부동산시장이 과열되기 시작하였고, 2003년 노무현 정부 들어서도 집값이 급등하자 그해 3월과 10월에 각각

주택가격 안정대책을 발표한다. 그렇지만 집값은 계속 상승하였고 2005년 2월에 다시 부동산 안정대책을 발표하였으나 역시 속수무책이었다.

그래서 내놓은 것이 2005년 8월 31일 발표한 '부동산 안정종합대책'이었으며, 이 때 도입한 것이 '부동산 실거래가액 신고제도'이다.

당시 건설교통부 자료에는 부동산 실거래가액 제도 도입 배경을 다음과 같이 설명하고 있다.

- 부동산 거래 시 각종 세금부담을 줄이기 위해 실제 거래금액보다 낮은 금액을 기재한 이중계약서의 작성이 관행화되어 있었음
- 또한, 부동산관련 각종 국세 및 지방세의 상이한 과표체계, 과세 제도간 비연계성은 허위가격 신고를 통한 탈세심리발생의 원인으로 작용하고 있었음
- 그로 인하여 부동산 투기방지, 부동산시장 안정화 등 정부의 부동산 관련 정책수립시 정확한 거래현황의 파악이 어려워 수시로 변화하는 부동산시장 환경에 적시에 적절하게 대응하는데 한계를 갖고 있었음

이처럼 부동산 실거래가 제도 도입은 부동산시장 과열방지 대책의 일환으로 추진되었다.

그리고 정부는 실거래가 신고에 따른 거래세 부담을 줄여 주고자 2006년 두 차례에 걸쳐 지방세법 제273조의2를 개정하여 개인간 거래로 취득하는 주택에 대한 취득세와 등록세의 세율을 인하

> **지방세법 2006.9.1 시행, 2006.9.1 일부개정**
> **제273조의2(주택거래에 대한 감면)** 유상거래를 원인으로 취득·등기하는 주택에 대한 취득세는 제112조 제 1 항의 규정에 의한 세율을 적용하여 산출한 세액의 100분의 50을 경감하고, 등록세는 제131조 제 1 항 제 3 호 (2)목의 규정에 의한 세율을 적용하여 산출한 세액의 100분의 50을 경감한다.
>
> **지방세법 2006.1.1 시행, 2005.12.31 일부개정**
> **제273조의2(주택거래에 대한 감면)** 개인 간의 유상거래를 원인으로 취득·등기하는 주택에 대한 취득세는 제112조 제 1 항의 규정에 의한 세율을 적용하여 산출한 세액의 100분의 25를 경감하고, 등록세는 제131조 제 1 항 제 3 호 (2)목의 규정에 의한 세율을 적용하여 산출한 세액의 100분의 50을 경감한다.

하였다.

이와 같이 정부가 부동산 실거래가 제도를 도입하면서 취득세와 등록세의 부담이 높아질 것에 대비하여 취득세와 등록세를 인하해 준 것을 보면 정부가 기존의 다운계약서를 사실상 인정하면서 조세정책을 시행했다고 보는 것이 옳을 것이다.

부동산 실거래가 관련 세법을 살펴보면 다운계약서의 불법 여부를 더욱 쉽게 판단할 수 있다.

부동산 거래와 관련된 세금은 국세인 양도소득세와 지방세인 취득세·등록세이다.

소득세법 2002.12.18 일부개정, 2002.12.18 시행

제96조(양도가액) ① 제94조 제1항 제1호 및 제2호의 규정에 의한 자산의 양도가액은 당해 자산의 양도 당시의 기준시가에 의한다. 다만, 당해 자산이 다음 각 호의 1에 해당하는 경우에는 양도자와 양수자 간에 실제로 거래한 가액(이하 "실지거래가액"이라 한다)에 의한다.

1. 제89조 제3호의 규정에 의한 고가주택의 기준에 해당하는 주택(이에 부수되는 토지를 포함한다)인 경우
2. 제94조 제1항 제2호 가목의 규정에 의한 부동산을 취득할 수 있는 권리인 경우
3. 제104조 제3항의 규정에 의한 미등기양도자산인 경우
4. 취득후 1년 이내의 부동산인 경우
5. 허위계약서의 작성, 주민등록의 허위이전 등 부정한 방법으로 부동산을 취득 또는 양도하는 경우로서 대통령령이 정하는 기준에 해당하는 경우
6. 양도자가 양도 당시 및 취득 당시의 실지거래가액을 증빙서류와 함께 제110조 제1항의 규정에 의한 확정신고기한까지 납세지 관할세무서장에게 신고하는 경우
6의2. 당해 지역의 부동산가격상승률이 전국소비자물가상승률보다 높은 지역으로서 전국부동산가격상승률 등을 감안하여 당해 지역의 부동산가격이 급등하였거나 급등할 우려가 있어 재정경제부장관이 대통령령이 정하는 기준 및 방법에 따라 지정하는 지역에 소재하는 부동산 중 대통령령이 정하는 부동산에 해당하는 경우

7. 기타 당해 자산의 종류·보유기간·보유수(數)·거래규모 및 거래방법 등을 감안하여 대통령령이 정하는 경우

소득세법 2005.12.31 일부개정, 2006.1.1 시행

제96조(양도가액) ① 제94조 제 1 항 각 호의 규정에 의한 자산의 양도가액은 당해 자산의 양도 당시의 양도자와 양수자 간에 실제로 거래한 가액(이하 "실지거래가액"이라 한다)에 의한다.
② 제94조 제 1 항 제 1 호 및 제 2 호의 규정에 의한 자산을 2006년 12월 31일까지 양도하는 경우에 그 자산의 양도가액은 제 1 항의 규정에 불구하고 다음 각 호의 어느 하나에 해당하는 경우를 제외하고는 당해 자산의 양도 당시의 기준시가에 의한다.〈신설〉
1. ~ 6. 종전과 동일
7. 제104조의2 제 2 항의 규정에 의한 지정지역 안의 부동산인 경우
8. 제104조의3의 규정에 의한 비사업용 토지인 경우
9. 그 밖에 당해 자산의 종류·보유기간·보유수(수)·거래규모 및 거래방법 등을 감안하여 대통령령이 정하는 경우

먼저 양도소득세 규정 변천을 살펴보면 2005년 12월까지는 소득세법 제96조 제 1 항에 '자산의 양도가액은 당해 자산의 양도 당시의 기준시가에 의한다'로 규정하고 있어 토지·건물 등의 양도소득세는 기준시가 과세가 원칙임을 밝히고 있다. 다만, 예외적으로 6억 원 이상의 고가주택이나 취득 후 1년 이내 부동산 등을 양도할 때에는 실제로 거래한 가액으로 양도가액을 정하고 있다. 그리고 2005년 12월 31일 개정된 소득세법 제96조 제 1 항에는 '양도가액

은 당해 자산의 양도 당시의 양도자와 양수자 간에 실제로 거래한 가액에 의한다'로 규정하고 있고, 동조 제 2 항에는 '토지·건물 등을 2006년 12월 31일까지 양도하는 경우에는 양도 당시의 기준시가에 의해 양도소득세를 부과(다만, 고가주택·취득 후 1년 이내의 부동산 등은 제외)'하도록 규정하고 있다.

즉, 2006년까지는 '고가주택 혹은 취득 후 1년 이내의 부동산' 등 소득세법 제96조 제 2 항에서 예외적으로 규정하고 있는 부동산을 제외하고는 기준시가에 의해 양도소득세를 냈다고 해서 전혀 불법이 아니다. 물론 고가주택 등 소득세법상 예외적인 부동산을 기준시가에 따라 양도소득세를 납부했다면 당연히 탈세이다.

다음은 지방세법상의 취득·등록세와 관련된 규정을 살펴보겠다.

지방세법도 소득세법과 마찬가지로 2005년 12월 31일 제111조 제 5 항 제 5 호(현행 지방세법 제10조 제 5 항 제 5 호)를 신설하여 취득세의 과세표준을 '사실상의 취득가격'으로 규정하였다. 그러나 그 전까지는 동법 제111조 제 1 항과 제 2 항의 규정에 의해 취득세의 과세표준이 정해졌다. 지방세법 제111조 제 1 항에는 '취득세의 과세표준은 취득 당시의 가액으로 한다.'로 규정하고 있고, 제 2 항에는 '제 1 항의 규정에 의한 취득 당시의 가액은 취득자가 신고한 가액에 의한다. 다만, 신고 또는 신고가액의 표시가 없거나 그 신고가액이 시가표준액에 미달하는 때에는 그 시가표준액에 의한다.'로 되어 있다.

즉, 제 1 항과 제 2 항을 합쳐 해석하면 취득 당시의 가액은 실거

지방세법 2005.1.5 시행, 2005.1.5 일부개정

제111조(과세표준) ① 취득세의 과세표준은 취득 당시의 가액으로 한다. 다만, 연부로 취득하는 경우에는 연부금액으로 한다.

② 제1항의 규정에 의한 취득당시의 가액은 취득자가 신고한 가액에 의한다. 다만, 신고 또는 신고가액의 표시가 없거나 그 신고가액이 다음 각 호에 정하는 시가표준액에 미달하는 때에는 그 시가표준액에 의한다.

1.~2. 생략

③~④ 생략

⑤ 다음에 게기하는 취득(증여·기부 기타 무상취득을 제외한다)에 대하여는 제2항 단서 및 제3항의 규정에 불구하고 사실상의 취득가격 또는 연부금액에 의한다.

1. 국가·지방자치단체 및 지방자치단체조합으로부터의 취득
2. 외국으로부터의 수입에 의한 취득
3. 판결문·법인장부 중 대통령령이 정하는 것에 의하여 취득가격이 입증되는 취득
4. 공매방법에 의한 취득

지방세법 2006.1.1 시행, 2005.12.31 일부개정

제111조(과세표준) ①~② 동일

③~④ 생략

⑤ 다음에 게기하는 취득(증여·기부 기타 무상취득을 제외한다)에 대하여는 제2항 단서 및 제3항의 규정에 불구하고 사실상의 취득가격 또는 연부금액에 의한다.

1.~4. 동일

> 5. 「공인중개사의 업무 및 부동산 거래신고에 관한 법률」 제27조의 규정에 의한 신고서를 제출하여 동법 제28조의 규정에 의하여 검증이 이루어진 취득 〈신설〉

래가액이 아니라 취득자가 신고한 가액이며, 시가표준액에 미달하게 신고를 하거나 아예 취득 당시의 가액을 신고하지 않으면 시가표준액으로 과세표준을 삼겠다는 취지로 해석해야 옳다고 생각한다. 또한 이렇게 해석해야 제111조 제 5 항 제 5 호를 새롭게 신설한 이유를 설명할 수 있다.

제111조 제 5 항 제 5 호를 신설하지 않아도 취득세 과세표준이 실거래가액이라는 해석이 가능하다면 굳이 동 조항을 개정할 필요가 없지 않겠는가. 그런데도 2006년 전에 시가표준액으로 신고한 것을 두고 불법이라고 주장한다면 무리가 있다고 생각한다.

지금까지 살펴본 것처럼 2005년까지 법률상 어디에도 부동산 실거래가 신고를 강제하지 않았고, 실거래가 신고위반에 대한 가산세 규정도 없었으며, 관련하여 세무조사를 했다는 기록도 보지 못했다. 지금은 부동산 매매시 실거래가로 신고를 하지 않았다가는 많게는 취득세의 3배에 해당하는 금액의 과태료를 물어야 한다. 경험상으로 2005년까지는 우리나라 국민들 가운데 거의 90% 이상이 부동산 거래시에 다운계약서를 작성했을 것으로 추측된다. 그렇다면 국민들 거의 대부분을 범법자로 만드는 법률해석, 즉 다운계약서 작성이 위법이라는 해석은 하지 말아야 할 것이다.

제 3 편

주변관리

1 공직생활을 하면서 한번쯤은 감동적인 일을 하자
2 국민의 눈높이에 맞는 생활이 좋다
3 술자리에서는 남녀유별이 최고다
4 단골술집은 소문을 만들어 내는 공장
5 사조직에 공을 들이지 말자
6 가장 큰 장애물은 내 주변에 있다
7 출입국시 고가품 반입에 주의해야
8 공무출장에 배우자 동행은 어울리지 않아
9 부하직원을 편애하면 분노를 낳는다
10 부하직원의 보고서를 최대한 존중하자

1. 공직생활을 하면서 한번쯤은 감동적인 일을 하자

인사청문회나 인사검증을 하다가 보면 일반 공직자들은 도저히 하기가 힘든 일을 하여 놀라는 경우가 가끔씩 있다. 그런 사람은 웬만한 단점이 있어도 좋게 보인다. 고위공직자가 되기 위해서는 의도적이더라도 남들이 다 싫어하는 일을 한번씩은 하여 인상을 강하게 남겨라. 그럴 경우 그 사람에 대한 평가를 할 때 늘 따라다니기 때문에 이미지 관리에 상당히 도움이 된다.

예를 들면 박봉이지만 정기적인 자선사업을 한다던가, 매월 1회 정도 복지시설을 직접 방문하여 봉사활동을 하는 것도 기억나는 좋은 사례이다. 그리고 조직 내에서 꼭 필요하다면 불이익을 받더라도 옳다고 생각하는 일을 과감히 해라. 물론 너무 자주하면 독불장군으로 오해받을 수 있으니 주변 분위기를 살펴가면서 하는 것이 좋다.

기억나는 가장 하기 쉬운 방법 중의 하나를 소개하자면 사무실에 있는 이면지나 몽당연필을 버리지 않고 재활용하는 습관을 가져라. 그러면 머지않아 그 공직자에게는 검소하고 청렴하다는 이미지가 따라올 것이다. 그렇다고 다른 생활이 검소하지 못하면 이중적인 인간으로 평가받기 쉽다.

자신에게 승진기회가 왔는데 선배에게 한번쯤 양보하거나 남들이 탐내는 자리를 동료에게 과감히 양보하는 것도 이미지 관리에 좋은 방법으로 보인다. 이렇게 하는 것이 한발 뒤처지는 것 같지만 조금만 더 길게 보면 결국 승리자는 본인이 되는 경우를 많이 봤다.

이처럼 일반 공직자들이 하기 힘든 일을 한번쯤 해 놓는 것이 더 높은 고위공직자로 올라가는 자산이 되고 디딤돌이 된다.

국민의 눈높이에 맞는 생활이 좋다

  공직자는 국민을 위한 봉사자이다. 그러므로 공직자가 비록 적법하게 행동했다고 하더라도 대다수의 국민으로부터 비난의 대상이 된다면 고위공직자로서 자격이 부족하다.
  예를 들면 아무리 자본주의 사회이지만 서민들은 돈 한 푼 절약하려고 애쓰는데 공직자가 지나치게 사치스러운 생활을 한다면 국민으로부터 존경을 받기 어렵다. 아파트를 몇 채씩이나 소유하고 있고, 소득이 별로 없는 자녀들이 외제차를 몰고 다니기도 한다. 금방 결혼한 자녀들이 고급 아파트를 소유하고 있고, 호텔 헬스클럽 회원권을 보유하고 있다면 국민들이 뭐라고 할까?

만일 상속이나 증여받은 재산이 많아서 수십억 원이 넘는 재산을 보유하고 있다면 복지시설 등에 기부를 하여 일정부분 사회에 환원하는 것도 공직자로서 올바른 자세가 아닐까 싶다.

매우 드문 경우지만 어떤 공직후보자의 경우 80년 이후 배우자와 함께 150건이 넘는 부동산 거래를 하고 현재도 20여 건의 부동산을 보유하고 있었다. 이런 사람이라면 고위공직자로서 자격을 갖추었다고 평가하기 어려울 것이다.

그리고 요즘 이혼율이 높아지면서 공직자도 이혼을 하는 일이 많으며, 이를 단순히 비판할 수는 절대 없다. 그렇지만 이혼도 이혼하기 나름이다. 고위공직자가 되기 위해서는 주변으로부터 손가락질 받는 이혼은 하지 않는 것이 좋다. 조선시대에는 칠거지악을 저지른 조강지처라도 '삼불거(三不去)', 즉 되돌아 갈 곳이 없는 경우, 부모님의 3년상(喪)을 같이 지낸 경우, 혼인 전에는 빈천하다가 혼인 후에 각고의 노력으로 부귀해진 경우에는 집에서 내쫓지 않았다고 한다. 그런데 가끔씩 온갖 고난을 겪으면서 뒷바라지해준 배우자를 버리고 새로운 결혼 생활을 하여 주변의 눈총을 받는 공직자들을 발견하게 된다.

이러한 경우 당연히 주변의 평판이 좋지 않다. 사랑도 좋지만 존경받는 공직자 모습은 아닌 것 같다.

이혼과 관련된 기억에 남는 사례가 있다. 어떤 공직후보자의 검증을 한창 진행하고 있을 무렵이었는데 그 후보자의 전(前) 장인이라는 사람이 장문의 편지를 보내왔다. 그 편지에는 자기 딸이 이혼할 수밖에 없었던 사위의 잘못을 구구절절이 설명하면서 그런 사람을 고위공직자로 승진시키면 절대 안 된다는 내용이 담겨 있었다.

편지 내용이 대부분 사실인 것으로 인정되어 그 공직자는 불이익을 받을 수밖에 없었다.

이런 공직자도 있었다. 결혼을 해서 살다가 보니 서로 마음이 맞지 않아 이혼을 하려고 했지만 자식들 때문에 할 수가 없어 자식 둘 다 대학에 입학하면 이혼하자고 합의를 했다고 한다. 그리고 둘째 아들이 대학에 입학하자 당초 약속대로 협의이혼을 하고 그때까지 모은 재산은 모두 배우자 앞으로 해 주었다. 자식들도 배우자와 자식들이 원해서 같이 살도록 해 주었다고 했다. 본인 앞으로는 전세보증금과 약간의 예금밖에 없었다. 물론 이러한 경우는 인사 검증에서 전혀 불이익을 받지 않았던 것으로 기억난다.

가정의 소중함은 두말할 필요가 없다. 가정이 행복하고 건강해야 공직자로서 자신의 본분을 다할 수 있다.

술자리에서는 남녀유별이 최고다

　여성들의 공직 진입이 두드러지게 증가하고 있다. 행정안전부의 자료에 의하면 2010년 말 기준으로 전체 공무원 98만7,754명 중 41.8%인 41만2,800명이 여성인 것으로 조사됐다. 상황이 이러하다 보니 공직자들의 회식자리에 참석하는 여성 공직자들도 점차 증가하고 있다.

　회식자리에는 술을 마시는 경우가 다반사고 과음으로 인해 과도한 신체적 접촉이나 음담패설 등을 하다가 공직자로서 돌이킬 수 없는 일을 저지르기 쉽다.

　인사철에 이러한 제보가 있었다. 모 부처에서 회식을 했는데 회식을 주관한 고위공무원이 집에 가려는 여직원을 새벽 3시까지 잡아두어 조직 내에서 말이 많다는 것이다. 정말 그랬다면 고위공직자로서 문제가 있다고 판단되어 사실 확인을 해보니 여직원이 스스로 늦게까지 술자리에 있은 것으로 판명되어 해당 고위공직자는 불이익을 면할 수 있었다.

또 이런 일도 있었다. 회식자리가 끝난 후 집에 가는 도중에 가볍게 포장마차에서 소주 한잔 하러 갔다가 남자직원이 여직원의 허벅지에 손을 올리는 바람에 성희롱 혐의를 받았는가 하면, 고위공직자가 여직원과 폭탄주 러브샷을 하면서 너무 오랫동안 껴안고 있다가 여직원의 항의로 곤혹을 치렀다. 이처럼 술자리에서 조금만 방심하면 지나친 행동을 하기가 쉽고 이로 인해 본인이 성희롱 혐의를 받을 수 있다.

여성발전기본법 제3조에 의하면 성희롱이란 '성적(性的) 언동(言動) 등으로 상대방에게 성적 굴욕감이나 혐오감을 느끼게 하는 행위'를 말한다. 회식자리에 여직원이 참석하는 것은 자연스러운 일이 되었다. 그렇지만 참석을 강요하지는 마라. 신체구조상 여성들은 일반적으로 남성보다 술에 약하다고 한다. 그러므로 가능한 한 여직원은 1차에서 가볍게 끝내고 집에 가게 하는 것이 불미스러운 일을 줄이는 길일 것이다.

회식자리에서 여직원 옆에 앉지 않는 것도 성희롱 논란을 사전에 방지할 수 있는 하나의 방법이다. 회식장소에서 발생한 사소한 일이 외부에 부풀려져 알려지는 일도 많이 있다. 가볍게 포옹만 했는데도 '떨어지지 않으려고 난리더라'는 식이다. 술자리에서 성희롱은 고위공직자에게 치명적인 상처를 입힌다. 그래서 내가 아는 어떤 고위공무원은 과음이 예상되는 회식자리에는 가능하면 여직원 참석을 못하게 한다.

술자리에서는 남녀평등이 아니라 남녀유별이 최고다. 술에는 장사가 없고 이성을 잃게 만든다. 회식장소에서 일어날 수 있는 불미스러운 일을 사전에 예방하는 길만이 최선의 방법이다.

4 단골술집은 소문을 만들어 내는 공장

　우리 사회에서 조직생활을 하게 되면 피치 못하게 술자리를 가질 수밖에 없다. 술을 한잔 못하더라도 술자리에는 참석해야 할 때가 있다. 공직사회도 마찬가지다. 그런데 술자리를 자주 갖게 되면 자연스럽게 단골집이 생기기 쉽다. 단골 술집이 있으면 주인이나 종업원과 친하게 되고 서비스도 잘 나오며 본인이 술자리를 주도할 수도 있어서 여러모로 좋은 점이 많다. 가끔은 실수를 해도 너그럽게 봐주기 때문에 마음도 편하다.
　그렇지만 웬만한 사람이 아니면 술자리에서 완벽할 수가 없다. 사소한 실수는 있게 마련이고 그러한 실수가 쌓이면 소문이 확대

되어 밖으로 퍼져나간다. 술집 여주인이나 종업원과 러브샷 몇 잔 했다가는 서로 사랑하는 사이니 같이 잠을 잤느니 하는 소문도 퍼질 수 있다.

고위직 공직자일수록 보는 눈이 많고 시기하는 사람도 많이 생기기 때문에 이런 음해성 소문이 퍼질 가능성이 높다. 소문이 퍼져나가기 시작하면 막기 어렵고 거의 사실처럼 굳어진다.

국회 인사청문회나 인사검증을 하는 과정에 술집 여주인이나 종업원과 관련된 부도덕한 내용의 제보나 소문들이 많이 들어온다. 그 내용도 아주 구체적이다. 그렇지만 사실 확인을 해보면 대부분 증거가 명확하지 않아 무혐의 처리를 하지만 그래도 찜찜하다.

고위공직자가 되고 싶으면 가능한 한 단골 술집을 만들지 말라고 권하고 싶다.

5 사조직에 공을 들이지 마라

우리 사회는 유난히 학연·지연으로 끈끈히 묶여 있다는 비판을 많이 받는다. 이러한 현상은 공직사회라고 해서 예외는 아니다. 공무원 조직 내에서도 '○○향우회'니 '○○동문회'와 같은 사조직이 많이 구성되어 있는 것을 본다.

물론 같은 학교나 고향출신끼리 서로 만나서 소식을 접하고 정을 나누는 것을 뭐라고 할 수는 없다. 그렇지만 지나치게 학연이나 지연에 얽매이다 보면 인사나 업무의 공정성을 잃기 쉽다. 특히 우리 사회는 학연·지연으로 인한 폐단이 심하다보니 지나친 경우를 금기시한다.

아무리 비밀스럽게 사조직을 구성해서 활동을 해도 소문은 퍼지기 마련이고 주변에서 모두 알게 된다. "누구 누구는 ○○ 출신을 끔찍이 챙긴다"는 말이 퍼지면 그 당사자는 지역주의나 학연주의가 깊은 인물로 낙인이 찍히게 되어 본인의 능력이 아무리 훌륭하더라도 인사검증에서 불이익을 받을 수밖에 없다. 그래서 공조직 내의 향우회나 동창회에 참석하더라도 적극적인 활동을 하지 않는 것이 좋다.

6 가장 큰 장애물은 내 주변에 있다

　공직후보자가 해당 직위에 적합한지를 판단하기 위해서는 평소 직무수행 능력 등에 대한 주변의 여론과 평가를 듣는 것이 일반적이다. 보통 조직내 동료나 부하직원, 상사 등을 대상으로 후보자에 대한 여론을 수집하는데 그 결과들을 비교·분석해 보면 아주 재미있다.
　예를 들면 어떤 후보자가 일을 하는 데 있어서 타협하지 않고 자신의 소신대로 묵묵히 일을 처리하는 스타일이라고 가정하자. 이를 긍정적인 측면에서 말하자면 책임감이 강하고 원칙주의자며, 업무추진력이 강한 사람으로 평가할 수 있다. 그렇지만 부정적인 측면에서 보자면 독선적이고 고집이 세며 융통성이 없는 사람으로 비칠 수도 있다.

또한 일을 추진함에 있어 상황에 따라 적절히 대처하는 사람도 보기에 따라서는 유연한 성격의 소유자가 될 수도 있고, 우유부단한 사람으로 보일 수도 있다. 이처럼 사람에 대한 평가는 그 사람을 바라보는 시각에 따라 달라질 수 있다.

인사철이 되면 음해성 제보나 소문이 빠질 수 없다. 특히, 고위직에 올라갈수록 경쟁이 치열하고 주변의 음해도 많이 생긴다. 본인에 대한 소문과 평가는 본인을 가장 잘 아는 주변사람에게서 대부분 나온다. 그러므로 평소에 주변사람들을 잘 관리하는 것이 무엇보다 중요하다.

가능한 한 적을 만들지 말고 본인이 되도록이면 손해를 보는 행동을 하는 것이 좋다. 그리고 경조사 때 잊지 말고 챙겨주고 가끔씩 밥도 사주어 주변 사람들로부터 호감을 얻도록 하라. 그러면 인사 때가 되어 큰 도움을 받을 것이다.

모 국장은 주변에 경사스러운 일에는 참석을 못하더라도 상(喪)을 당한 사람이 있으면 만사를 제쳐 놓고 달려가는 생활을 했다. 그랬더니 그에게는 힘들고 어려운 일이 있을 때 되도록이면 옆에 있어 주려고 하는 의리 있는 사람으로 주변에서의 평가가 내려졌다.

7 출입국시 고가품 반입에 주의해야

　　관세청의 '여행자 및 승무원 휴대품 통관에 관한 고시' 제3-5조에 따르면 해외에서 취득한 물품으로 여행자 1인당 전체 구입가격 합계액이 4백 US달러 이하인 물품은 세금을 면제하도록 되어 있다.

　　그렇지만 이를 초과하는 물품을 소지하는 경우는 관세법 제241조 제 2 항 제 1 호의 규정에 의거 자진하여 세관에 신고하여야 하며, 만일 자진 신고하지 아니한 경우에는 동법 제241조 제 5 항의 규정에 따라 과세가격의 30%에 상당하는 금액을 가산세로 내야 한다. 특히, 국내면세점에서 구입 후 재반입하는 물품도 신고대상에 포함되기 때문에 조심해야 한다.

　　외국여행 시에 이러한 규정을 잘 모르고 면세범위 이상의 물품

관세법, 현행

제241조(수출·수입 또는 반송의 신고) ① 물품을 수출·수입 또는 반송하려면 해당 물품의 품명·규격·수량 및 가격과 그 밖에 대통령령으로 정하는 사항을 세관장에게 신고하여야 한다.
② 다음 각 호의 어느 하나에 해당하는 물품은 대통령령으로 정하는 바에 따라 제1항에 따른 신고를 생략하게 하거나 관세청장이 정하는 간소한 방법으로 신고하게 할 수 있다.
  1. 휴대품·탁송품 또는 별송품
  2. ~ 4. 생략
③ ~ ④ 생략
⑤ 세관장은 다음 각 호의 어느 하나에 해당하는 경우에는 해당 물품에 대하여 납부할 세액(관세 및 내국세를 포함한다)의 100분의 20(제1호의 경우에는 100분의 30)에 상당하는 금액을 가산세로 징수한다.
  1. 여행자나 승무원이 제2항 제1호에 해당하는 휴대품(제96조 제1호 및 제3호에 해당하는 물품은 제외한다)을 신고하지 아니하여 과세하는 경우
  2. 생략

여행자 및 승무원 휴대품 통관에 관한 고시, 현행

제2-2조(신고대상물품) ① 다음 각 호에 해당하는 물품을 소지한 여행자는 자진하여 세관에 신고하여야 한다.
  1. 해외에서 취득한 물품(선물 등 무상물품 및 국내면세점에서 구입 후 재반입물품 포함)으로서 전체 구입가격 합계액이 US$400을 초과하는 물품

> 2. 제3-6조 제 2 호의 규정에서 정한 1인당 면세기준을 초과하는 주류, 담배, 향수. 다만, 만 19세 미만인 자(날짜 계산을 하지 않고, 출생연도를 기준으로 한다. 이하 이 고시에서 같다.)가 반입하는 주류 및 담배는 모두 신고하여야 한다.
>
> **제3-5조(여행자 1인당 관세면제금액)** ① 관세법 제96조 제 1 호 규정에 의거하여 제1-4조에서 정한 여행자휴대품의 전체과세가격에서 여행자 1인당 US$400을 면제한다(이하 "1인당 면제금액"이라 한다).

을 자신 신고하지 않고 반입하다가 세관에 적발되어 가산세를 내는 경우를 종종 발견하게 된다. 이러한 경우 관세청에 해당 물품의 가격 등 관련기록이 모두 남아 있게 된다.

만약 해당 물품이 고가인 경우에는 공직자로서 부적절한 구매행위에 대한 지적과 함께 신고의무를 위반하여 공직자의 품위를 손상하였고, 고의로 세금납부를 기피하려 했다는 의심까지 받을 수 있으므로 조심해야 한다.

특히 본인보다는 배우자나 직계존비속의 외국 여행시에 세관에 적발되는 경우를 많이 본다. 가족들에게 4백 US달러 이하인 물품만 구입하여 귀국할 수 있도록 사전에 충분히 이해시킬 필요가 있다.

모 기관장의 경우 배우자가 여러 차례 세관에 가산세를 납부한 경력이 있어서 그 이유를 물었더니 절대 그럴 리가 없다는 것이었다. 그래서 적발된 날짜와 물품을 얘기해 주며 배우자에게 직접 확인해 보라고 했다. 그 다음날 그 기관장이 나에게 전화를 걸어와서 "어젯밤에 집사람과 크게 싸웠다."며, "집사람이 법을 잘 몰라서 그런 것 같다."고 난처해 한 적이 있다.

공무출장에 배우자 동행은 어울리지 않아

　대한민국을 출·입국하려는 국민은 출입국관리법 제 3 조와 제 6 조에 따라 출·입국심사를 받아야 하며, 동법 시행령 제 1 조에 따라 출입국심사를 받는 때에는 출입국신고서를 작성하여 출입국관리공무원에게 제출해야 한다.
　출입국신고서를 작성할 때에는 주민등록번호 등 개인정보뿐만 아니라 목적지와 체류기간, 비행기 편명 등을 기재하도록 되어 있으며, 이러한 기록은 해당 기관에서 컴퓨터에 저장하여 보관하고 있다. 그래서 누구와 같이 비행기를 탔으며 어디로 갔는지 모두 알 수 있다.
　인사청문회나 인사검증을 하다가 보면 해당 후보자가 공무로 외국 출장을 간 것으로 기록되어 있는데 배우자는 여행 목적으로 동행한 사례들이 가끔 발견된다. 이러한 사례는 특히 공공기관 기관장을 비롯한 고위 간부들에게서 많이 발견된다. 그때는 외국 출장을 핑계로 배우자와의 동반 여행일 가능성에 의심을 받게 되며, 비용·숙박·일정 등에 대해 세밀한 조사가 이루어진다. 그 과정에서 조금이라도 공사를 구별 못하는 부적절한 내용이 발견되면 불이익을 받게 된다.

그리고 아직도 우리 국민들은 공직자가 외국으로 골프를 치러 가는 것에 대해 상당히 비판적이다. 이러한 경향은 인사검증에서도 마찬가지이다. 그런데 골프가 대중화되면서 공직자들이 배우자를 동반하거나 지인들과 함께 외국 골프여행을 가는 일이 늘고 있다. 과거에는 출입국시에 골프클럽을 가지고 나가면 세관에 반드시 신고해야 했지만 지금은 신고절차가 없어져서 더욱 자유롭게 외국 골프여행을 가는 추세이다. 그리고 비용은 보통 후원자가 대신 지불하는 사례가 가끔씩 적발된다. 이처럼 비용을 자신이 부담하지 않고 해외 골프여행을 갔다가 온 사실이 드러나면 해당 공직자는 인사상 상당한 불이익을 받게 되니 외국 골프여행은 가능한 한 금하는 것이 좋다.

골프목적이 아니더라도 공직자의 배우자나 직계존비속이 너무 자주 해외여행을 가는 것도 보기에 좋지 않다. 불가피한 경우라면 몰라도 명절 때마다 간다거나 일 년에 몇 차례씩 해외여행을 가는 것은 자제하는 것이 좋을 것이다.

출입국관리법, 현행

제3조(국민의 출국) ① 대한민국에서 대한민국 밖의 지역으로 출국 (이하 "출국"이라 한다)하려는 국민은 유효한 여권을 가지고 출국하는 출입국항에서 출입국관리공무원의 출국심사를 받아야 한다.

제6조(국민의 입국) ① 대한민국 밖의 지역에서 대한민국으로 입국 (이하 "입국"이라 한다)하려는 국민은 유효한 여권을 가지고 입국하는 출입국항에서 출입국관리공무원의 입국심사를 받아야 한다.

출입국관리법 시행령, 현행

제1조(출입국심사) ① 대한민국의 국민(이하 "국민"이라 한다)이 「출입국관리법」(이하 "법"이라 한다) 제3조의 규정에 의한 출국심사 또는 법 제6조의 규정에 의한 입국심사를 받는 때에는 여권과 출입국신고서를 각각 출입국관리공무원에게 제출하고 질문에 응하여야 한다.

9 부하직원을 편애하면 분노를 낳는다

 사람은 능력에 있어서 모두 평등할 수 없다. 일을 내 마음에 들게 잘하는 사람도 있는 반면에 그렇지 못한 사람도 있다. 공직사회에서도 마찬가지이다. 그렇다고 내 마음에 드는 사람만 챙기지 마라. 소외받고 사랑을 받지 못한 사람이 언젠가는 자신의 앞길을 좌우할 수도 있다.
 성경에 보면 아담과 이브의 장남인 카인은 보리의 첫 수확물을, 차남인 아벨은 양의 첫 새끼를 신에게 바쳤으나 동생 아벨이 바친 제물만이 받아들여지자 질투심에 형이 동생을 살해한다. 그리고 야곱이 자신의 아들들 중에 특별히 요셉에게 좋은 옷을 사주는 등 편애하자 다른 형제들이 요셉을 죽이려고 하다가 끝내 상인에게

팔아넘기는 내용이 있다.

이처럼 편애는 시기심과 질투를 유발하고 분노를 낳는다.

국회인사청문회나 고위공직자 인사과정에서 종종 있는 일이 각종 제보와 투서이다. 그 중에선 사실이 부풀려진 것도 있고 전혀 사실이 아닌 음해성 투서도 있다. 그런데 그런 제보나 투서를 하는 사람들의 상당부분이 해당 공직자로부터 인정을 받지 못했거나 마음의 상처를 받은 사람들이다. 일단 제보나 투서가 자꾸 들어오면 공직후보자에게 이로울 것이 전혀 없다. 사소한 흠결이라도 많이 쌓이면 결격사유가 될 수 있다.

본인의 능력이 아무리 뛰어나더라도 윗사람은 물론이고 특히 일 못하는 부하직원에게 잘 해 주어라. 부하직원의 결점을 이해해주고 감싸줄 수 있는 상사가 올바른 리더일 뿐만 아니라 본인의 출세를 위해서도 좋다.

모범적인 공직자의 사례를 소개하고자 한다. 그는 부하직원이 결재를 받으러오면 내용의 잘못된 점을 지적하더라도 결재 후에 반드시 부하직원의 부인이나 가족의 안부를 꼭 물었다. 그리고 부하직원의 가정에 애로사항이 있으면 자신의 일인 것처럼 최선을 다해 해결해 주려고 노력했다.

한번은 부하직원이 부부싸움을 하여 이혼얘기까지 나온다고 하자 그가 직접 해변가 콘도를 잡아주면서 부하직원 부부 둘만이 2박3일 동안 여행을 갈 수 있도록 도와주었다. 여행을 갔다 온 후 그 부하직원 부부는 다시 과거의 금실 좋은 부부로 돌아갈 수 있었다고 한다. 그리고 한 달에 한번은 부하직원들과 반드시 호프데이를 가지는 것을 원칙으로 했다. 생맥주 한잔하는 날은 가능한 한 업무얘기는 하지 않고 부하직원들이 자신의 존재의미와 가치를 느낄 수 있도록 장점을 얘기해 주면서 동질감을 느낄 수 있도록 노력했다고 한다. 이 공직자의 주변 여론이나 평가는 최상이었다.

  본인 일도 하기 힘드는데 부하직원들한테까지 이처럼 세심한 배려를 한다는 것은 정말 어려운 일일 것이다. 그렇지만 이러한 상사가 많아질수록 대한민국의 공직사회는 점차 더 건강해지고 국민이 더 행복해질 수 있을 것이다. 왜냐하면 상사에게 만족하는 부하직원이 국민들에게 더욱 웃으면서 친절하게 일을 할 테니까 말이다.

10 부하직원의 보고서를 최대한 존중하자

 한번은 모 국장에 대한 주변 평가가 매우 부정적이어서 세밀하게 조사를 한 적이 있었다. 그런데 직접 만나보니 업무에 대한 전문성은 물론이고 말도 잘하고 성격도 좋았다. 그는 누구나 알아주는 일벌레였다. 새롭고 참신한 보고서를 만드느라 밤늦게까지 일하기가 다반사였다. 장관도 그의 성실성과 참신성을 인정하였고 늘 칭찬을 아끼지 않았다.
 그런데 그에게는 한 가지 특이한 면이 있었다. 부하직원들이 보고서를 써 오면 그것을 기초로 고민하고 또 고민하여 완전히 새로운 보고서를 만드는 것이었다. 그런데 부하직원들은 그의 그런 행동에 대해 상당한 불만을 품고 있었다. 왜냐하면 그 국장이 새로운

보고서를 요구할 때마다 직원들이 최선을 다해 작성했지만 늘 퇴짜를 맞았기 때문이었다. 과장들이 밤새워가며 보고서를 써서 그 국장에게 보고를 하면 한 마디 말도 없이 줄을 죽죽 긋고 거의 새로운 창작물로 바꾸어 윗분들에게 보고를 했다. 해당 과장들은 꾸중이라도 들었으면 속이 시원할 텐데 본인이 완전히 무시당했다는 느낌이 들더라는 것이다. 국장 본인이 다 쓸 거면 일을 시키지나 말던가, 일은 꼭 시켜놓고 내용은 완전히 다 고쳐버리니 미칠 지경이었다고 한다.

그런 일이 지속되자 그 국장은 부처 내에서 '모시기 어려운 상사'로 손꼽히게 되었으며, '못 말리는 독불장군'으로 통했다. 그가 조금만 실수를 해도 냉소적인 말들이 조직 내에서 퍼져 나갔다. 결국 그 국장은 이류급 간부로 취급되어졌다. 물론 그 국장의 능력이 워낙 뛰어나서 부하직원들이 수준을 맞춰주지 못했을 수도 있다. 그렇지만 보고서를 수정하는 방법에서 문제가 있었다고 보여진다.

공직사회에서도 상급자와 부하직원들 간에 갈등이나 불만이 당연히 있다. 그 이유가 주로 상사가 부하직원에게 업무를 떠넘기거나, 업무 보고과정에서 부하직원을 무시하고 과도하게 책망하기 때문인 것으로 보인다. 직급이 올라갈수록 부하직원들이 쓴 보고서를 많이 접하게 되고 지시도 많이 하게 된다. 그렇지만 부하직원이 본인만큼 일을 잘 할 수는 없다.

자신의 마음에 쏙 드는 보고서를 써오는 부하직원도 드물 것이다. 그렇다고 부하직원이 보는 앞에서 보고서를 멋대로 수정하지 않는 것이 좋다. 보고서가 마음에 들지 않으면 자신이 원하는 내용을 충분히 설명하여 부하직원 스스로가 노력하여 고칠 수 있도록 배려해 주어라.

그렇게 해야 부하직원도 발전을 할 수 있게 되고 상사를 존경하게 된다. 특히, 요즘 핵가족 시대에 태어난 신세대 공직자들은 자존심이 상당히 세다. 보고하는 과정에서 자존심을 많이 상하게 된 공직자는 상급자의 단점만 보게 되고 비판하는 세력이 된다.

제 4 편

인사검증·국회 인사청문회 통과하기

1 먼저, 후보자군에 포함되어야 한다
2 자료제출은 사전에 직접 검토·확인해라
3 검증담당자의 마음을 읽어라
4 측근에만 의존하지 말고 전문가의 조언을 꼭 받아라
5 청문회장 분위기를 사전에 익혀라

1. 먼저, 후보자군에 포함되어야 한다

인사수요가 발생하면 일반 공직자는 특별한 결격사유 없이 평소 자기관리를 어느 정도 하고 조직 내에서 순서가 되면 고위공무원 후보군에 자연스럽게 포함이 된다. 그렇지만 차관급 이상의 정무직공무원 후보자는 행정안전부에서 관리하고 있는 국가인재 데이터베이스를 참고하거나 관련자들로부터 추천을 받아 후보군을 만들게 된다. 청와대가 2010년 9월에 공개한 '정무직 인사의 추천 및 검증절차'에 의하면 행정안전부의 국가인재 DB 등을 참고하여 예비후보 리스트를 작성 한 후에 후보들에게 '고위공직 예비후보자 사전질문서'를 보낸다.

'고위공직 예비후보자 사전질문서'란 일종의 자기검증서로 200

여 개 항목으로 구성되어 있으며, 후보자 스스로 항목별 질문에 대한 해당 여부를 기재한 후에 청와대로 다시 보내게 된다. 청와대에서는 예비 후보자들이 보내온 자기검증 결과를 참고하여 후보군을 압축한 후 세밀한 검증작업을 벌이게 된다. 이 과정에서 총 14개 정부기관으로부터 28종의 관련서류를 제출받게 되며 의심나는 사항이 있으면 현장확인, 주변탐문 등 정밀하고 엄격한 강도 높은 검증을 거치게 되는 것이다. 일부 후보자들은 사전질문서에 허위로 답변하는 경우가 있다. 그렇지만 청와대 내부의 정밀한 검증과정에서 허위답변 여부가 탈로날 수밖에 없다. 하나의 답변이 허위로 밝혀지면 다른 모든 내용들의 진실성이 의심을 받게 되니 허위답변은 절대 금물이다.

　이와 같은 정밀한 검증절차를 거친 후에 3배수 이내로 최종후보자를 결정하게 된다. 최종후보자가 되기 위해서는 평소에 자기관리가 철저해야 하며, 흠결이 발견된다면 위법·부당성을 최소화 할 수 있는 사후 관리 또한 중요하다.

　참고로 청와대에서 공개한 '고위공직 예비후보자 사전질문서'를 책 말미에 첨부해 두었으니 관심 있는 분들은 스스로 체크해 보기 바란다. 자기검증 결과 문제점이 몇 개 드러났다고 해서 무조건 후보자에서 탈락하는 것은 아니다. 여러 가지 정황을 따져서 종합적으로 탈락 여부를 판단하는 것으로 알고 있다.

> **국가공무원법, 현행**
>
> **제19조의3(공직후보자 등의 관리)** ① 행정안전부장관은 정무직공무원(선거로 취임하는 공무원은 제외한다), 국가고시 시험 위원, 위원회 위원 등의 직위를 희망하거나 그 직위에 관한 일정한 자격을 갖춘 후보자(이하 "공직후보자"라 한다)를 체계적으로 관리하기 위하여 공직후보자에 관한 정보를 수집하여 관리할 수 있다.
> ② 행정안전부장관은 제1항에 따라 공직후보자에 관한 정보를 수집·관리하는 경우 미리 서면이나 전자 매체로 본인의 동의를 받아야 하며, 본인이 요구하면 관리하는 정보를 폐기하여야 한다. 다만, 본인이 직접 제공한 기관 외의 다른 기관에 제공하는 것을 동의한 정보와 공공 기록물, 출판물, 인터넷 및 언론 보도 등으로 일반에게 공개되고 불특정 다수인이 구입하여 열람할 수 있는 정보는 그러하지 아니하다.
> ③~⑥ 생략

자료제출은 사전에 직접 검토·확인해라

　청와대의 인사검증이나 국회 인사청문회 과정에서 공직후보자에게 또 하나 힘든 일이 본인과 관련된 각종 자료들을 제출하는 것이다. 인사청문회법 제5조에는 인사청문회 대상자의 병역사항·재산신고·5년간 납세실적 등에 대한 증빙서류를 국회에 제출하도록 되어 있다.
　뿐만 아니라 동법 제12조에 의거 국가기밀 사항이 아닌 한 대한민국의 모든 기관들이 인사청문과 직접 관련된 공직후보자의 자료를 제출해야 할 의무가 있다. 상황이 이러하다 보니 과도한 자료제출 요구 여부로 논란을 겪기도 한다. 아무튼 후보자와 관련된 정보가 저장되어 있는 곳이라면 아무리 오래된 자료라도 제출을 요구

받는다고 보면 된다.

청와대 인사검증과정에서는 실수로 서류를 잘못 제출하더라도 정정하는 것이 비교적 쉽다. 그러나 인사청문회에서는 국회라는 기능적 특성과 인사청문회법이라는 법적 절차, 자료제출과 거의 동시에 언론에 공개되는 등의 특수성으로 인해 한번 자료가 잘못 제출되면 상당한 곤혹을 치르게 된다. 특히 인사청문회를 많이 경험하지 못한 중앙부처의 실무자들이 제대로 된 검토 없이 후보자와 관련된 잘못된 서류를 제출했다가 후보자가 어려움에 처하는 경우가 종종 있다.

어떤 최고위급 공직후보자는 인사청문회를 앞두고 지난 5년간 납세실적 자료를 제출했는데, 바로 전년도에 매각한 농지에 대한 종합토지세 납부실적을 빼먹었다. 그 농지는 투기성이 농후한 지역에 있었던 터라 농지보유 사실을 은폐하기 위해 고의로 종토세 납부실적을 누락한 것이 아니냐는 의혹을 받았다. 그 후보자는 실무자의 실수라고 하면서 선처를 부탁했다.

어떤 후보자는 매년 국토해양부에서 건물과 그 건물의 부속토지(대지)를 합해서 주택의 공시가격을 공개하는 것을 모르고, 주택의 공시가격에 대지의 공시지가를 포함하여 이중으로 계산한 재산내역을 국회에 제출하여 재산과다보유 논란을 일으킨 적도 있었다. 어떤 후보자는 자신의 경력을 잘못 기재하기도 하고, 또 어떤 후보자는 아들의 재산을 이중으로 계산하여 이를 해명하느라 곤혹을 치렀다.

인사청문회법, 현행

제5조(임명동의안 등의 첨부서류) ① 국회에 제출하는 임명동의안 등에는 요청사유서 또는 의장의 추천서와 다음 각 호의 사항에 관한 증빙서류를 첨부하여야 한다.
1. 직업·학력·경력에 관한 사항
2. 공직자 등의 병역사항신고 및 공개에 관한 법률의 규정에 의한 병역신고사항
3. 공직자윤리법 제10조의2 제2항의 규정에 의한 재산신고사항
4. 최근 5년간의 소득세·재산세·종합토지세의 납부 및 체납 실적에 관한 사항
5. 범죄경력에 관한 사항

제12조(자료제출요구) ① 위원회는 그 의결 또는 재적의원 3분의 1 이상의 요구로 공직후보자의 인사청문과 직접 관련된 자료의 제출을 국가기관·지방자치단체, 기타 기관에 대하여 요구할 수 있다.
② 제1항의 요구를 받은 때에는 기간을 따로 정하는 경우를 제외하고는 5일 이내에 자료를 제출하여야 한다.
③ 제1항의 규정에 의하여 자료의 제출을 요구받은 기관은 제2항의 규정에 의한 기간 이내에 자료를 제출하지 아니한 때에는 그 사유서를 제출하여야 한다. 이 경우 위원회는 제출된 사유서를 심사경과보고서 또는 인사청문경과 보고서에 첨부하여야 한다.

제14조(인사청문회의 공개) 인사청문회는 공개한다. 다만, 다음 각 호의 1에 해당하는 경우에는 위원회의 의결로 공개하지 아니할 수 있다.
1. 군사·외교 등 국가기밀에 관한 사항으로서 국가의 안전보장을 위하여 필요한 경우

> 2. 개인의 명예나 사생활을 부당하게 침해할 우려가 명백한 경우
> 3. 기업 및 개인의 적법한 금융 또는 상거래 등에 관한 정보가 누설될 우려가 있는 경우
> 4. 계속(繫屬)중인 재판 또는 수사중인 사건의 소추에 영향을 미치는 정보가 누설될 우려가 명백한 경우
> 5. 기타 다른 법령에 의해 비밀이 유지되어야 하는 경우로서 비공개가 필요하다고 판단되는 경우
>
> **제15조(공직후보자 등의 보호)** 위원회에 출석한 공직후보자·증인·참고인 등이 답변을 하거나 증언 등을 함에 있어서 특별한 이유로 인사청문회의 비공개를 요구할 때에는 위원회의 의결로 인사청문회를 공개하지 아니할 수 있다. 이 경우 그 비공개이유는 비공개회의에서 소명하여야 한다.
>
> **제16조(답변 등의 거부)** ① 공직후보자는 국회에서의 증언·감정 등에 관한 법률 제4조 제1항 단서의 규정에 해당하는 경우에는 답변 또는 자료제출을 거부할 수 있다.
> ② 공직후보자는 형사소송법 제148조 또는 제149조의 규정에 해당하는 경우에 답변 또는 자료제출을 거부할 수 있다. 이 경우 그 거부이유는 소명하여야 한다.

　직원들을 신뢰하는 것도 좋으나 국회 등에 제출해야 할 서류 중에서 본인의 신상과 관련이 있는 내용은 직원들에게 전적으로 맡기지 말고 충분한 시간을 갖고 직원들로부터 상세한 설명을 들으면서 직접 챙기는 것이 오류를 방지하는 좋은 방법이다. 서면질의에 대한 답변서도 국회에 제출하기 전에 꼭 한번 읽어 보기를 권

하고 싶다. 서면질의서만 잘 읽어 보면 인사청문회장에서 어떤 질문이 나올 것인가를 대충 짐작할 수 있다. 특히, 다른 인사청문위원과는 다르게 특정 위원이 독특한 자료요구나 서면질의를 했으면 꼼꼼히 검토해 볼 필요가 있다. 왜냐하면 외부의 제보에 의해서 특별한 정보를 입수했을 가능성이 높기 때문이다.

그리고 우리의 인사청문회가 후보자의 능력이나 자질 검증보다는 지나치게 후보자 개인의 프라이버시 문제에 집중한다는 비판이 있다. 이와 관련하여 후보자는 인사청문회를 공개함으로써 후보자 본인이나 가족 등의 사생활을 지나치게 침해할 우려가 있거나 개인의 명예를 심하게 훼손할 우려가 있는 등 인사청문회 공개가 부적절하다고 판단을 할 때에는 인사청문회법 제15조에 의거 비공개를 요청할 수가 있으니 이를 적절히 활용할 필요가 있다고 본다.

3 검증담당자의 마음을 읽어라

인사검증을 하다가 보면 곤란한 일이 많이 발생한다. 특히, 정무직 후보들은 대부분 사회적으로 저명한 분들이 많고, 높은 학식과 주변에서 존경을 받아 오던 터라 자존심 또한 매우 강하다. 그러나 그러한 분들께 묻게 되는 질문들이 대부분 부정적이고 좋지 않은 내용이어서 아무리 예를 갖추어 묻더라도 답을 해야 하는 후보자는 예민해질 수밖에 없다.

그렇다고 후보자가 화를 내거나 짜증을 내서는 곤란하다. 인사검증 담당자들은 자신의 잘못된 검증이 미칠 파장을 너무나 잘 알고 있기 때문에 말은 부드러울지 몰라도 집요하면서 하나라도 더 문제점을 찾으려고 애를 쓴다. 이런 점을 잘 이해하고 논리적이면서 증거에 입각하여 대답하는 것이 좋다. 의혹이 덜 풀렸다 싶으면 "이제 그만 됐습니다."는 말이 나올 때까지 적극적으로 해명하는 노력을 기울여라.

검증담당자가 어떤 안건에 대해 질문을 할 때는 분명히 문제점이 있다고 판단하기 때문이다. 그러니 웃으면서 솔직하게 얘기해 줄 것을 요청한다고 해서 별 생각 없이 답변하지 마라. 가능한 한 자신에게 닥칠 영향을 생각해서 신중하게 얘기하는 것이 좋다. 예를 들어, 본인이 여윳돈이 있어 투자목적으로 적법하게 임야를 사 두었다고 치자. 그럴 경우 검증담당자는 분명히 임야를 산 목적이 무엇이냐고 물을 것이다. 사실대로 투자목적으로 매입했다고 답변을 하면 후보자는 투기꾼으로 기록될 수도 있다. 공직후보자의 임야 구입에 투기의혹이 있더라도 본인이 다른 이유를 말하면 검증담당자도 후보자의 주장에 귀를 기울일 수밖에 없다.

그러나 본인의 잘못이 명백하다고 판단되는 경우에는 대범하고 솔직하게 시인하는 것이 더 좋다. 아니라고 우기다가는 공직자로서 자질에 흠결이 있다고 보고 불이익이 주어질 수 있기 때문이다.

측근에만 의존하지 말고 전문가의 조언을 꼭 받아라

　국회 인사청문회를 앞둔 후보자나 인사검증 대상자들이 자료를 제출하거나 답변을 준비하는 과정에서 측근 몇 명에만 의존한 채 극도의 보안을 유지하는 경우를 가끔씩 본다. 마치 군사작전계획을 짜는 듯한 모습이다. 그 이유를 물어보면 인사청문회나 검증관련 사항들이 후보자와 관련된 사적이고 비밀스러운 내용인 데다가, 가족들과 관계되는 것들이 많아서 후보자 본인이 다른 사람들에게 알려지는 것을 꺼리기 때문이라는 것이다.
　그러나 아무리 후보자 개인의 사적인 비밀이라도 국회에 자료가 제출되거나 인사청문회장에 출석하면 모든 게 공개되기 마련인데

조직내부에서만 쉬쉬해 봐야 아무 소용이 없다.

오히려 후보자 개인의 비밀을 지킨다고 보안을 유지하다가 제대로 된 법적 검토나 전문가의 조언을 구하지 못한 채 어설프게 대응하여 낭패를 보는 경우를 종종 본다. 분명한 법률위반사항이 아닌데도 국회의원의 추궁에 "잘못했다." "바로 잡겠다."고 잘못을 시인하고 만다.

그러면 일부 언론은 후보자가 불법을 시인했다고 보도하게 되고, 모든 국민들이 그 후보자를 범법자로 인식하는 결과를 초래한다.

예를 들어 아직도 대한민국에서는 남편이 월급을 받아오면 소득이 없는 배우자가 관리하면서 은행예금도 배우자 명의로 되어 있는 경우가 상당히 있다. 그런데 이와 같은 배우자 명의의 예금이 증여세 공제한도를 넘어서는 데도 증여세를 내지 않았다고 해서 세금을 탈루했다는 의혹을 제기한다. 후보자도 명쾌한 답변을 하지 못하고 우물쭈물하다가 각종 언론에 세금탈루자로 낙인이 찍히게 된다.

배우자 명의의 통장에 예금을 하는 경우 사실상 재산의 이전일 때에는 증여재산에 해당하여 증여세 과세대상이 되나, 단순히 명의의 사용에 불과한 경우에는 증여재산의 대상이 되지 아니하여 증여세를 납부하지 않아도 된다. 이러한 내용은 조세전문가라면 당연히 알고 있는 내용이다. 인사청문회장에서 "예금 명의는 배우자로 되어 있지만 실질적으로 그 재산은 내 것이며 증여세를 납부하지 않아도 되는 것으로 알고 있습니다."라고 답변을 했다면 세금 탈루 혐의에서 벗어날 수 있었을 것이다.

  국회 인사청문회를 준비하거나 인사검증을 받게 될 때는 꼭 전문가의 조언을 폭넓게 구할 것을 권하고 싶다. 그런 과정에서 도저히 풀리지 않을 것 같던 어려운 문제도 해결 방법을 찾을 수 있다.

5 청문회장 분위기를 사전에 익혀라

 국회 인사청문회장에 가보면 한 명의 후보자를 상대로 최소한 10명 이상의 국회의원들이 집요하게 질문을 하고 추궁을 한다. 한 사람의 국회의원 밑에는 서너 명의 보좌진들이 후보자를 파헤치고 있다. 또한 인사청문회장이 TV에 생중계되기 때문에 한 마디라도 잘못된 발언을 하면 시청하던 국민들이 "틀렸다"고 전화로 제보를 한다. 인사청문회를 쉽게 생각해서는 안 된다. 섣불리 대응했다가는 바보 되기 십상이다. 아닌 것은 확실하게 부정을 하고 잘못된 것은 명확히 시인을 하는 것이 좋다. 청문회 전에 실제처럼 리허설을 해 보는 것도 좋은 방법이다.

 인사청문회장은 수십 대의 카메라 조명과 사람들의 열기로 겨울

에도 땀이 날 지경이다. 게다가 후보자가 긴장을 하기 때문에 느끼는 체감 온도는 상상 그 이상이다. 그래서 더위에 대한 사전 대비를 제대로 하지 못했다가는 TV에 땀을 뻘뻘 흘리는 후보자의 모습을 보여주기 쉽다. 이런 모습을 국민들이 보면 후보자가 잘못한 것이 많은 것으로 오해를 줄 수도 있다. 그러므로 사전에 선풍기와 손수건을 준비하는 등 더위에 적절히 대응하는 것이 좋다.

그리고 인사청문회가 열리는 모습을 보면 국회의원들이 늘 하는 얘기가 자료를 제때 주지 않는다고 불만을 제기한다. 이러한 모습을 국민들이 보면 후보자가 무언가 감추고 싶은 것이 있어 자료제출을 하지 않는 것으로 오해하기 쉽다. 경험상으로 후보자들이 제때 자료를 제출하지 못하는 주된 이유는 자료를 주기 싫어서가 아니라 자료를 준비할 수 있는 시간이 충분히 주어지지 않기 때문이다.

현재 인사청문회 제도와 시스템을 바꾸지 않고서는 자료제출 거부나 부실 청문회 논란 등을 없애는 것이 불가능할 것으로 보여진다. 현행 인사청문회법에는 대통령이 제출한 임명동의안이나 인사청문요청안이 국회에 제출된 날로부터 20일 이내에, 인사청문위원회에 회부된 날로부터 15일 이내에 인사청문회를 마치도록 되어 있다. 그리고 자료제출은 요구일로부터 5일 이내에 해야 하고, 서면질의서는 인사청문회 개회 5일 전까지 질의서가 공직후보자에게 도달되어야 한다. 그렇지만 사실상 이러한 규정들을 제대로 지킬 수가 없다.

> **인사청문회법, 현행**
>
> **제6조(임명동의안 등의 회부 등)** ① 의장은 임명동의안 등이 제출된 때에는 즉시 본회의에 보고하고 위원회에 회부하며, 그 심사 또는 인사청문이 끝난 후 본회의에 부의하거나 위원장으로 하여금 본회의에 보고하도록 한다. 다만, 폐회 또는 휴회 등으로 본회의에 보고할 수 없을 때에는 이를 생략하고 회부할 수 있다.
> ② 국회는 임명동의안 등이 제출된 날부터 20일 이내에 그 심사 또는 인사청문을 마쳐야 한다.
>
> **제7조(위원의 질의등)** ①~④ 생략
> ⑤ 위원이 공직후보자에 대하여 질의하고자 하는 경우에는 질의요지서를 구체적으로 작성하여 인사청문회개회 24시간 전까지 위원장에게 제출하여야 한다. 이 경우 위원장은 지체없이 질의요지서를 공직후보자에게 송부하여야 한다.
> ⑥ 위원은 공직후보자에게 서면으로 질의를 할 수 있다. 이 경우 질의서는 위원장에게 제출하고, 위원장은 늦어도 인사청문회개회 5일 전까지 질의서가 공직후보자에게 도달되도록 송부하여야 하며 공직후보자는 인사청문회개회 48시간 전까지 위원장에게 답변서를 제출하여야 한다
>
> **제9조(위원회의 활동기간 등)** ① 위원회는 임명동의안 등이 회부된 날부터 15일 이내에 인사청문회를 마치되, 인사청문회의 기간은 3일 이내로 한다.
> (단서 조항 생략)

규정상 인사청문위원회에 임명동의안 등이 회부된 날로부터 15일 이내에 인사청문회를 마쳐야 하는데 휴일 등을 빼고 나면 실제 위원회가 일을 할 수 있는 기간은 10여 일 정도이다. 그래서 서면질의서와 자료제출요구가 인사청문회 개회일 바로 전날에도 이뤄진다. 보통 인사청문회를 한번 개최하는데 자료제출요구가 1,000건 내외이며, 서면질의도 수백 개나 되는 것으로 알고 있다. 해당 기관이 국회에 자료를 제출하기 위해서는 복잡한 결제라인도 거쳐야 한다. 이러한 여건 속에서 충실한 자료제출과 서면답변서를 기대하기란 애당초 무리이며, 자연스럽게 부실한 인사청문회라는 비판을 면하기 어렵다.

　인사청문회 활동 기한을 좀 더 연장하고 시스템을 보완하여 국회나 후보자 모두 좀 더 충분한 시간을 갖고 청문회에 임할 수 있도록 제도적인 개선방안을 마련하는 것이 필요하다고 보여진다.

제 5 편

더러워진 흰옷도 삶으면 향기가 난다

1 낡은 건물도 리모델링하면 멋지다

2 리모델링이 불가능하면 페인트라도 칠하자

66

　이 책을 읽어본 독자 중에서는 그동안 자기관리에 충실하지 못해 고민이 있는 공직자가 있을 수 있다. 내용에 따라 과거의 잘못을 지금 보완작업을 하면 100%는 아니더라도 본인이 받을 수 있는 불이익을 최소화할 수는 경우가 있고, 지우기 힘든 문신처럼 자신을 계속 따라다니며 괴롭히는 것이 있다.
　때에 찌들고 더러워진 흰옷도 삶으면 향기가 나고, 낡은 건물도 리모델링을 하면 멋진 건물이 된다. 아무리 잘못한 자신의 과오도 계속 방치해 두어서는 곤란하다. 가능한 한 빨리 잘못된 부분을 고칠 것은 고치고 보완할 부분은 보완하는 노력이 필요하다.

99

1 낡은 건물도 리모델링하면 멋지다

　질병으로 병역을 면제받은 사람은 병원에 가서 과거의 병력이 본인의 몸에 아직 남아 있는지 확인해 보고 진단서를 발급받아 필요한 경우 제출하는 것이 가장 좋은 방법이다. 기타 고령이나 독자·생계곤란 등으로 병역면제를 받았다면 당시의 병역처분 기준이나 복무제도 등에 대해 상세히 파악하여 논리적으로 병역면제 사유를 설명하고, 가정상황 등을 객관적으로 입증할 수 있는 자료를 갖추어 놓으면 쉽게 의혹을 해소할 수가 있다.
　각종 세금 미납 문제는 관할 세무서에 찾아가서 사정을 얘기하고 세금을 납부하면 비교적 쉽게 해결할 수 있다. 국세징수권의 소멸시효가 5년이어서 국가가 5년간 납세고지·독촉 등 세금징수를 위한 아무런 조치를 취하지 않은 경우 세금납부 의무가 소멸하게 된다. 즉, 소멸시효가 완성된 세금은 납부할 필요가 없어지나 체납흔적은 남게 된다. 그래서 비록 편법이지만 세무서에 자진해서 세금을 내겠다고 하면 소멸시효가 지났더라도 받아주는 것으로 알고 있다. 세무서에서 세금을 받아주면 체납흔적도 사라진다.

국민건강보험이나 국민연금보험료를 미납한 경우도 마찬가지이다. 보험료 미납기간이 3년 미만인 경우에는 공단을 찾아가서 납부하면 된다. 그러나 국민건강보험법 제79조와 국민연금법 제115조에 따라 각 공단이 보험료나 연체금을 징수할 권리를 3년간 행사하지 않으면 소멸시효가 완성되어 보험료 납부의무가 없어진다. 그러므로 보험료를 납부해야 하는 최대 기간이 3년이다. 그렇지만 공단에서 '보험료의 고지 또는 독촉' 등의 행위를 하였으면 시효가 중단되니, 공단을 찾아가서 직원과 솔직하게 상담을 하는 것이 제일 좋은 방법이다.

현재에 겸직하고 있는 업무가 사전에 기관장의 허가를 받지 않았다면 한시라도 빨리 기관장의 허가를 받도록 하고, 과거에 허가를 받지 않고 수행한 겸직 업무가 있다면 당시에 겸직허가를 받을 수 없었던 사유를 준비해 두는 것이 좋다. 예를 들면 솔직하게 "겸직허가 규정이 있는지 몰라서 과거에는 겸직신고를 하지 않았다"고 답변하는 것이 불이익을 최소화할 수 있는 방안이다.

주식보유 문제는 1급 이상 고위공무원의 경우 주식백지신탁제도를 이미 시행하고 있기 때문에 그 규정에 따르면 된다. 고위공무원단 나급(2급) 이하 공무원의 경우는 본인 스스로 판단하여 취득과정에 조금이라도 의심을 살 가능성이 있거나 직무관련성이 있다고 생각되면 즉시 팔아버려라. 그러면 그 이후로부터 주식보유문제로 시비 걸 사람이 아무도 없을 것이다.

리모델링이 불가능하면 페인트라도 칠하자

　　과거 위장전입을 한 경력이 있으면 이 흔적을 없애기는 불가능하다. 특히, 앞에서도 설명한 것처럼 위장전입이 아파트 구입이나 농지매입 등 본인의 경제적 이득을 취하기 위한 수단이었다면 더욱 문제가 된다. 이런 경우에는 빨리 현재의 위법 상황을 모두 제거한 뒤에 인사검증과정에서 솔직하게 시인을 하고 그럴 수밖에 없었던 사정을 설명하는 것이 오히려 효과적이다. 예를 들어 농지매입을 위해서 위장전입을 했다면 해당 농지를 팔아버린 후에 인사검증에 임하는 것이다. 농지매입 등은 관련 기관의 데이터에 다 남아 있기 때문에 팔아버려도 분명히 농지 구입 당시의 주소이전

사유를 물을 것이다. 그 때는 "주변에 아는 사람이 권유하여 농지를 샀는데, 뒤늦게 법을 위반한 것인 줄 알고 팔았다."고 답변을 한다면 어느 정도 고려는 될 것이다. 과거의 법률위반 행위보다 현재의 위법상태에 더 많은 불이익을 받는 것이 일반적이다.

자녀의 교육문제 등으로 위장전입을 한 경우는 '자녀가 학교에 적응을 제대로 하지 못해서'라든가 혹은 '자녀가 학교에서 왕따를 당해서' 등의 불가피한 사유가 있으면 좀 더 관대한 처분을 받을 수 있을 것이다.

자녀 중에서 원정출산으로 낳은 아들이 있다면, 이를 만회할 방법이 잘 보이지 않는다. 그나마 좋은 방법은 아들의 외국 국적을 포기하고 대한한국 국민으로서만 살아가겠다는 뜻을 밝히는 것이다. 아들이 미국시민권자라면 미국대사관에 가서 필요한 서류를 제출하고 미국시민권 포기 절차에 따라 진행하면 될 것이다.

음주운전으로 인한 처벌 경력자의 경우에 1회 정도는 당시의 불가피성을 잘 설명하면 불이익을 별로 받지 않고 그냥 넘어갈 수 있을 것이다. 그렇지만 음주운전 적발 횟수가 수차례 넘는 사람은 특단의 수단을 쓰지 않는 한 불이익을 감수해야 할 것이다.

연구윤리위반과 관련하여 가장 많이 적발되는 사례가 동일하거나 비슷한 내용의 논문을 서로 다른 학술지에 이중게재하는 행위이다. 본인이 연구실적으로 제출한 논문에서 표절한 내용이 있다면 이를 되돌리기에는 어렵다. 그렇지만 단순히 일반적인 학술지에 자신의 논문을 이중게재했다면 해당 학술지에 '논문게재 철회'를 요청하여 논문게재를 철회하도록 하는 방안도 고려해 봄직하다.

농지취득과 관련해서는 만약 소유 중인 농지가 상속으로 물려받은 것이라면 농사를 짓지 않아도 농지법 위반이 아니다. 그렇지만 증여받은 농지이거나 본인이 직접 매입한 농지는 '자기의 농업경영'에 이용하지 않으면 농지법 위반이다. '자기의 농업경영'의 개념에 대해서는 앞에서 설명했기 때문에 생략하기로 하겠다. 다만 여기에서 꼭 알아두어야 할 것이 소유 농지가 사실상 부모(父母)로부터 상속인데도 '부동산등기부등본'에는 증여나 매입으로 기록되어 있는 경우가 많다는 것이다. 그러므로 본인 소유의 농지에 대한 '등기부등본'을 꼭 확인할 것을 권하고 싶다. 만약 상속인데도 증여나 매입으로 기록되어 있으면 사실상 상속임을 입증할 수 있는 내용들을 정리해 두는 것이 좋다.

본인이 노후를 대비하거나 투자목적으로 농지를 구입한 후 농사를 직접 짓고 있지 않다면 해당 농지를 매각해 버리거나 농지법 제23조에 따라 한국농어촌공사에 임대위탁을 맡기는 것이 최선의 방법이다. 그렇게 하면 농업경영을 하지 않기 때문에 받을 수 있는 불이익은 최소한 면할 수 있다.

그리고 본인이 농지를 매입하기 위해 관청에 제출했던 '농업경영계획서'를 다시 한 번 확인해 봐야 한다. 대부분 농업경영계획서를 자신이 작성하지 않고 중개인 등이 대리하여 작성하기 때문에 그 내용을 모르는 사람이 대부분이다.

본인의 이름으로 제출된 '농업경영계획서'를 검토한 후에 이 내용에 어울리게 농지관리 과정을 설명하지 않으면 농업경영계획서를 허위로 작성한 것이 된다.

 그렇지만 농지를 매입한 후 자신이 직접 농사를 짓지 않았다면 사후에 아무리 보완작업을 하여도 매입한 흔적을 완전히 지우거나 불법성을 치유하기는 거의 불가능하다.

 임야소유는 잘못하면 투기성으로 비치기 쉽다. 임야구입의 가장 타당성 있는 이유가 선산용이다. 그러나 부모님이 살아계시거나 실제 돌아가신 부모님을 그곳에 모셨다면 선산용이라는 이유가 타당성이 있을지 모르겠으나 간혹 공직후보자 중에는 돌아가신 부모님을 다른 지역에 모셔 놓고 선산용이라고 둘러댄다. 이럴 경우 신뢰를 얻지 못한다. 노후에 전원주택용도로 매입했다는 것도 신뢰를 얻기가 쉬운 것은 아니다. 소유하고 있는 임야의 위치를 잘 살펴본 다음에 대지로 형질변경이 가능한지를 사전에 알아보고 노후용이라고 답변을 해야 한다. 본인이나 가족명의로 구입한 임야가 있다면 다시 처분하는 것이 본인에게 돌아올 수 있는 불이익을 최소화하는 방법일 것이다.

제 6 편

에필로그

1 긍정적 평가 공직자 인물상 10가지

2 부정적 평가 공직자 인물상 10가지

3 공직을 망치는 10가지 유형

7 긍정적 평가 공직자 인물상 10가지

다음은 공직사회에서 바람직한 인물로 평가받는 대표적인 인물상 10가지를 소개하겠다. 여기서 소개하는 10가지 인물상은 공직사회에서 긍정적으로 평가받는 인물들의 특성을 종합하여 그 유형별로 분류해 본 것이다.

첫째, '돌쇠형', 원칙을 벗어나지 않으면서 맡은 일은 어떤 수단을 써서라도 완결 짓는 인물을 말한다.

둘째, '외유내강형', 겉으로 보기에는 성품이 부드럽고 친화력이 있으나 일을 하는 데 있어서는 강하게 밀어 붙이는 인물을 말한다.

셋째, '선비형', 공사구분이 명확하고, 직언을 마다하지 않으며 소신있게 일을 추진하는 인물을 말한다.

넷째, '해결사형', 어려운 일이 있을 때마다 남에게 미루지 않고 직접 나서서 해결하는 인물을 말한다.

다섯째, '외교관형', 처신이 유연하며 냉철한 사고와 판단력으로 일을 성취하는 인물을 말한다.

여섯째, '마당발형', 폭넓은 인적네트워크를 갖추고 있어 대외협력에 뛰어난 인물을 주로 말한다.

일곱째, '장군형', 호방한 성격으로 업무추진시 큰 방향만을 결정하고 직원들에게 권한을 위임하여 조직의 활력을 불어넣는 인물을 말한다.

여덟째, '화합형', 합리적이고 온화한 성품으로 포용력이 있어 부하직원들이 많이 따르는 인물을 말한다.

아홉째, '전략가형', 상황 판단력과 분석능력이 뛰어나 현안 발생시 신속하게 대안을 제시하는 인물을 말한다.

열째, '두목형', 선이 굵은 보스형으로 문제해결에 솔선하는 인물을 말한다.

2 부정적 평가 공직자 인물상 10가지

공직사회에서 비판적인 인물들을 표현하는 말들은 보통 은유적인 표현을 많이 쓴다. 다음은 공직사회에서 떠돌고 있는 말들을 참고하여 정리한 공직자의 부정적 인물상 10가지를 소개하겠다.

첫째, '갈대형', 겉보기는 크고 튼튼해 보이나 유약한 성격으로 결단력이 부족하고 조직 장악력이 떨어지는 인물을 말한다.

둘째, '오리발형', 책임질 일은 남에게 미루며 생색내기 좋은 일에만 매달리는 인물을 말한다.

셋째, '꼴뚜기형', 능력은 없으면서 격에 맞지 않게 권위주의적 처신으로 직원들의 신뢰가 없는 인물을 말한다.

넷째, '사마귀형', 본인의 능력을 과신하여 물러설 줄 모르며, 남을 자주 무시하는 경향이 있는 인물을 말한다.

다섯째, '빈대형', 남의 피를 빨아먹고 사는 빈대처럼 다른 사람의 공을 가로채서 직위를 유지하는 인물을 말한다.

여섯째, '속빈강정형', 과시적 성격의 소유자로 업무에 대한 지나친 자신감으로 일에 임하나 실속이 별로 없는 인물을 말한다.

일곱째, '진드기형', 한번 달라붙으면 떨어지지 않고 괴롭히는 진드기처럼 조직 내에서 남을 고려하지 않는 직설적이고 다혈적인 성격으로 남의 약점을 파고드는 인물을 말한다.

여덟째, '혈통주의형', 개인의 내면적 능력보다는 지연이나 학연에 의존하는 인물을 말한다.

아홉째, '수양버들형', 중심이 없고 소신이 부족하여 의사결정을 하지 못해 부하직원들의 불만을 유발하는 인물을 말한다.

열째, '해바라기형', 상사들의 의중을 지나치게 의식하고 처세에 치중하는 인물을 말한다.

3 공직을 망치는 10가지 유형

　다음은 윤은기 중앙공무원 교육원장께서 고위공직자를 대상으로 '2011년 제4기 국가전략세미나'에서 강의하신 내용 중에 매우 인상이 깊었던 '공직을 망치는 10가지 유형'을 소개한다.

첫째, '달팽이'형, 고성능 더듬이로 더듬더듬 거리기만 할 뿐 매사에 느리다.
둘째, '꽃게'형, 남의 발목잡기에만 신경을 쓴다.
셋째, '독수리'형, 높은 곳에서 관망하며 책임질 일을 하지 않는다.
넷째, '하이에나'형, 이권개입에 몰두하며 싸돌아 다닌다.

다섯째, '두더지'형, 아는 게 별로 없어 숨어서 다닌다.
여섯째, '까마귀'형, 반복되는 비리를 금방 잊어버리고 무감각해진다.
일곱째, '거북이'형, 장수만세를 외치며 퇴직 때까지 목만 지킨다.
여덟째, '공작새'형, 힘들고 궂은 일은 하지 않는 귀족스타일이다.
아홉째, '코끼리'형, 들어가는 비용에 비해 성과가 없다.
열째, '반달곰'형, 정권 전반기에는 활발했다가 후반기에 가면 동면한다.

앞에서 사례를 들은 여러 공직자 유형처럼 공직사회를 새롭고 건강하게 이끌고 있는 공직자들이 있는 반면에 공직사회를 병들고 망하게 하는 사람들이 있다.

나에게 공직자에 대해 최상의 평가를 해보라고 한다면,「신상이나 재산문제에 아무런 흠결이 없고 상사나 동료, 부하직원들로부터 여론이 매우 호의적이며, 포용력이 크고 호방한 성격에 리더십이 뛰어날 뿐만 아니라 전문성이 있어 적극적인 자세로 매사 업무처리에 솔선수범하는 인물」이라고 결론을 내릴 것이다.

바람직한 것은 이처럼 훌륭한 평가를 받는 공직자가 점차 증가하고 있다는 것이다. 아마도 자기관리를 철저하게 하는 공직자가 늘어나기 때문인 것으로 판단된다. 지금과 같은 추세라면 우리의 공직사회에서 깨끗한 물이 강물처럼 흘러 국민들로부터 존경받는 시대가 곧 올 것으로 확신한다.

주변에서 자신을 어떤 인물로 바라보고 있는지 스스로 한번 돌아보자. 부족한 것은 채우고 잘못된 것은 바로잡아 본인의 성격과 배경에 어울리는 바람직한 인물상을 만들어 나가자. 그리하면 머지않아 최정상의 공직자로 우뚝 자리매김할 것이다.

마지막으로 꼭 한마디 하고 싶은 말이 있다.

내가 국회에 근무할 때는 우리의 공직자들이 그렇게 열심히 일을 하는 줄 몰랐다. 자정을 넘기면서 일하는 게 예사였다. 그렇게 열심히 일을 했는데 자기관리에 소홀하여 뜻하는 바를 이루지 못한다면 너무나 안타까운 일이다.

열심히 일하는 만큼 자기관리에도 충실하기를 진심으로 소망하면서, 지금도 묵묵히 사무실에서 밤을 새며 고생하는 모든 공직자들에게 이 자리를 빌어 깊은 감사의 마음을 전한다.

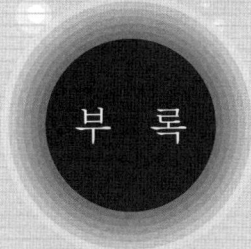

고위공직 예비후보자 사전 질문서

청와대에서 예비후보자들에게 보내는 '자기검증서'

부록 청와대에서 예비후보자들에게 보내는 '자기검증서'

| I D | | | | |

고위공직 예비후보자 사전 질문서

안녕하십니까?

　본 질문지는 고위 공직자 예비후보의 인사검증을 위하여 대상자가 직접 작성하시는 '인사검증 사전질문서'로서, 그 결과는 앞으로 고위 공직후보로서의 적격성 여부를 판단할 매우 중요한 기초 자료가 됩니다. 따라서 국민들에게 자신의 모습을 있는 그대로 보여드린다는 마음으로 솔직하게 답변해 주시면 감사하겠습니다. 답변하신 내용이 사실과 다른 것으로 확인될 경우, 이에 따르는 책임과 함께 향후 인사상 불이익도 받을 수 있음을 알려드립니다.

　답변하신 사항은 인사검증 목적으로만 사용되며 모든 내용에 대한 비밀은 철저히 보장됩니다. 질문과 관련하여 궁금한 사항이 있거나 공직임용에 필요한 사전 조치사항 등에 대해서 알고 싶은 것이 있으시면 충실히 답변해 드리도록 하겠습니다.

　감사합니다.

1. 가족 관계

1	가족 관계는 어떻게 되십니까? (부모·배우자는 ○ 또는 ×, 자녀는 명수 기입)	부( ), 모( ), 배우자( ), 자( ), 녀( )
2	본인 및 배우자의 거주지는 어디입니까?	
3	배우자의 직업은 무엇입니까? (직장명·입사경위 등 구체적으로 기재)	
4	자녀의 거주지는 어디입니까? (자가, 전세, 월세 등 주거유형 등 구체적으로 기재)	
5	자녀의 직업은 무엇입니까? (직장명·직위·입사경위 등 구체적으로 기재)	
6	본인, 배우자 또는 자녀 중 외국국적을 가진 사람이 있습니까?	예 ( ) 아니오 ( )
7	본인, 배우자 또는 자녀 중 외국 영주권을 가진 사람이 있습니까?	예 ( ) 아니오 ( )
8	본인, 배우자 또는 자녀 중 이중국적 상태에 있는 사람이 있습니까?	예 ( ) 아니오 ( )
9	본인, 배우자, 자녀가 실제 거주지와 주민등록상 주소지가 다르거나 과거 그런 경우가 있었습니까?	예 ( ) 아니오 ( )
관련 소명	※ 가족관계와 관련, 추가적으로 소명하고 싶은 사항이 있으면 기술해 주시기 바랍니다. ※ '예'라고 답변하신 문항을 포함하여 추가로 소명하실 내용이 있으면 기술해 주시기 바랍니다. 기술할 내용이 많을 경우 별지로 작성해 주시기 바랍니다.	

2. 병역의무 이행

1	본인(배우자) 또는 자녀 중 병역을 면제받은 사람이 있습니까?	예 ( )	아니오 ( )
2	본인(배우자) 또는 자녀 중 병역 복무 도중에 전역한 사람이 있습니까?	예 ( )	아니오 ( )
3	본인(배우자) 또는 자녀 중 과거 병역비리 사건에 연루된 사람이 있었습니까?	예 ( )	아니오 ( )
4	본인(배우자) 또는 자녀 중 방위병, 공익근무요원, 산업기능요원 등 보충역으로 병역을 이행한 사람이 있습니까?	예 ( )	아니오 ( )
5	본인 또는 자녀 중 한국국적을 포기함으로써 대한민국 병역의무를 면제받은 사람이 있습니까?	예 ( )	아니오 ( )
6	본인 또는 자녀가 병역 중 교육이나 연수, 또는 병역과 관계없는 다른 일을 하면서 병역 이행을 하신 경력이 있습니까?	예 ( )	아니오 ( )
7	자녀가 軍 복무를 위한 신체검사에서 再신검을 받은 경험이 있습니까?	예 ( )	아니오 ( )
8	본인(배우자) 또는 자녀가 장기간 신체검사나 군 입대를 연기한 사실이 있었습니까?	예 ( )	아니오 ( )
9	자녀의 軍 복무시 보직 부여, 부대 배치 등과 관련, 지인에게 부탁한 경험이 있습니까?	예 ( )	아니오 ( )
10	자녀가 공익근무요원 혹은 산업기능요원으로 복무한 경우 근무지 배정과 관련, 지인에게 부탁한 경험이 있습니까?	예 ( )	아니오 ( )
11	자녀가 공익근무요원 혹은 산업기능요원으로 복무한 경우, 복무상 편의를 지인에게 부탁한 경험이 있습니까?	예 ( )	아니오 ( )
12	자녀가 공익근무요원 혹은 산업기능요원으로 근무한 기관의 기관장 혹은 임직원과 친분이 있는 경우가 있었습니까?	예 ( )	아니오 ( )
13	자녀가 공익근무요원 혹은 산업기능요원으로 복무한 경우 근무지 배정 등을 위해 주소를 옮긴 경험이 있습니까?	예 ( )	아니오 ( )
14	자녀가 산업기능요원 복무를 위해 입대전 자격증을 취득한 경력이 있습니까?	예 ( )	아니오 ( )
관련 소명	※ '예'라고 답변하신 문항을 포함하여 추가로 소명하실 내용이 있으면 기술해 주시기 바랍니다. 기술할 내용이 많을 경우 별지로 작성해 주시기 바랍니다.		

3. 전과 및 징계

1	재직 중 징계위원회에 회부 중이거나 회부된 경력이 있습니까?	예 ( )	아니오 ( )
2	재직 중 징계 혹은 문책(경고, 주의, 인사조치 포함)을 받은 경험이 있습니까?	예 ( )	아니오 ( )
3	재직 중 감찰기관으로부터 특정 문제와 관련하여 조사를 받은 적이 있습니까?	예 ( )	아니오 ( )
4	검찰·경찰 등 수사기관에 체포된 경력이 있습니까?	예 ( )	아니오 ( )
5	검찰·경찰 등 수사기관의 수사를 받은 적이 있습니까?	예 ( )	아니오 ( )
6	배우자 또는 가족이 수사기관에 체포되거나, 수사를 받은 경험이 있습니까?	예 ( )	아니오 ( )
7	기소유예를 받은 경력이 있습니까?	예 ( )	아니오 ( )
8	불기소처분(기소유예 제외)을 받은 사실이 있습니까?	예 ( )	아니오 ( )
9	벌금형을 받은 경력이 있습니까?	예 ( )	아니오 ( )
10	금고 이상(집행유예 포함)의 형을 선고받은 경력이 있습니까?	예 ( )	아니오 ( )
11	형사처벌이나 징계를 받은 후 사면된 사실이 있습니까?	예 ( )	아니오 ( )
12	형사처벌이나 징계를 받은 후 복권된 사실이 있습니까?	예 ( )	아니오 ( )
13	음주운전으로 면허정지를 받은 경력이 있습니까?	예 ( )	아니오 ( )
14	음주운전으로 면허취소를 받은 경력이 있습니까?	예 ( )	아니오 ( )
관련 소명	※ '예' 라고 답변하신 문항을 포함하여 추가로 소명하실 내용이 있으면 기술해 주시기 바랍니다. 기술할 내용이 많을 경우 별지로 작성해 주시기 바랍니다.		

15	'2회 이상' 음주운전으로 적발된 경력이 있습니까?	예 ( )	아니오 ( )
16	음주운전으로 인해 교통사고를 낸 경력이 있습니까?	예 ( )	아니오 ( )
17	음주운전 적발시 '직업'을 사실과 다르게 진술한 경력이 있습니까?	예 ( )	아니오 ( )
18	교통사고를 낸 경력이 있습니까?	예 ( )	아니오 ( )
19	교통법규를 위반한 교통사고로 타인에게 상해를 가한 적이 있습니까?	예 ( )	아니오 ( )
20	규정속도 위반 등 교통법규를 1년에 3회 이상 위반한 사실이 있습니까?	예 ( )	아니오 ( )
관련 소명	※ '예'라고 답변하신 문항을 포함하여 추가로 소명하실 내용이 있으면 기술해 주시기 바랍니다. 기술할 내용이 많을 경우 별지로 작성해 주시기 바랍니다.		

4. 재산형성 등

1	본인 또는 배우자가 **비연고지**에 농지(전·답) 또는 임야를 취득한 경력(현재 보유 포함)이 있습니까?	예 ( )	아니오 ( )
2	본인 또는 배우자가 **연고지**에서 농지 또는 임야를 취득한 경력(현재 보유 포함)이 있습니까?	예 ( )	아니오 ( )
3	(해당자만 응답) 농지는 어떻게 취득하셨습니까?	상속 증여	매매 기타
4	(해당자만 응답) 농지 취득 시기는 언제입니까?	96.1.1이후	96.1.1이전
5	(해당자만 응답) 농지를 직접 경작하고 있습니까?	예 ( )	아니오 ( )
6	(해당자만 응답) 농지를 위탁경영 혹은 임대하고 있습니까?	예 ( )	아니오 ( )
7	거주목적外 부동산(주택, 상가, 오피스텔, 대지)을 보유한 경력이 있습니까?	예 ( )	아니오 ( )
8	거주목적外 부동산(주택, 상가, 오피스텔, 대지)을 **현재 보유**하고 있습니까?	예 ( )	아니오 ( )
9	본인 또는 배우자가 재개발 또는 재건축이 예정된 곳에 주택이나 아파트를 보유한 적이 있거나 보유하고 있습니까?	예 ( )	아니오 ( )
10	본인 또는 배우자가 가족이 아닌 타인과 공동으로 부동산을 보유한 적이 있거나 보유하고 있습니까?	예 ( )	아니오 ( )
11	본인 명의로 미성년 혹은 경제력 없는 나이에 부동산을 매입하신 적이 있습니까?	예 ( )	아니오 ( )
12	부동산 취득, 자녀 진학 등을 위해 실제 거주하지 않으면서 주소만 옮긴 경력이 있습니까?	예 ( )	아니오 ( )
13	미성년 혹은 무소득 자녀 명의의 부동산이 있습니까?	예 ( )	아니오 ( )
14	미성년 혹은 무소득 자녀 명의로 보유하고 있는 주식이 있습니까?	예 ( )	아니오 ( )
관련 소명	※ '예' 라고 답변하신 문항을 포함하여 추가로 소명하실 내용이 있으면 기술해 주시기 바랍니다. 기술할 내용이 많을 경우 별지로 작성해 주시기 바랍니다.		

15	他人 명의로 부동산을 취득한 경력이 있습니까?	예 ( )	아니오 ( )
16	他人 명의로 주식을 취득한 경력이 있습니까?	예 ( )	아니오 ( )
17	미성년 혹은 무소득 자녀가 고액의 예금을 보유하고 있습니까? (성년 3,000만 원 이상, 미성년 1,500만 원 이상)	예 ( )	아니오 ( )
18	세금을 회피할 목적으로 주식이나 예금을 가족명의로 분산한 사실이 있습니까?	예 ( )	아니오 ( )
19	타인 명의 청약통장 혹은 아파트 분양권을 매입하여 부동산을 취득한 경험이 있습니까?	예 ( )	아니오 ( )
20	부동산을 미등기 전매한 경험이 있습니까?	예 ( )	아니오 ( )
21	직무상 취득한 정보로 부동산을 매입한 경험이 있습니까?	예 ( )	아니오 ( )
22	직무 관련 정보로 주식을 매입한 경험이 있습니까?	예 ( )	아니오 ( )
23	직무상 관련이 있는 주식을 보유하고 있습니까?	예 ( )	아니오 ( )
24	보유한 주식이 우회상장된 사실이 있었습니까?	예 ( )	아니오 ( )
25	(공직자의 경우) 보유 주식의 직무관련성 심사를 받은 사실이 있었습니까?	예 ( )	아니오 ( )
26	비상장 주식 혹은 지분을 보유하고 있습니까?	예 ( )	아니오 ( )
27	비상장 주식 혹은 지분을 보유한 경험이 있습니까?	예 ( )	아니오 ( )
28	무기명 채권을 보유한 사실이 있었습니까?	예 ( )	아니오 ( )
관련 소명	※ '예'라고 답변하신 문항을 포함하여 추가로 소명하실 내용이 있으면 기술해 주시기 바랍니다. 기술할 내용이 많을 경우 별지로 작성해 주시기 바랍니다.		

29	신용거래를 통해 주식을 매매한 경험이 있었습니까?	예 ( )	아니오 ( )
30	선물·옵션 등 파생금융상품을 매매한 경험이 있었습니까?	예 ( )	아니오 ( )
31	가족(친척)을 제외한 사인간 채권 및 채무관계(총 1천만 원 이내는 제외)가 있습니까?	예 ( )	아니오 ( )
32	과거 가족(친척)을 제외한 사인간 채권 및 채무관계(총 1천만 원 이내는 제외)가 있습니까?	예 ( )	아니오 ( )
33	가족(친척 포함)간 채권 및 채무관계(총 2천만 원 이내는 제외)가 있습니까?	예 ( )	아니오 ( )
34	미술품, 보석, 회원권, 공동소유 물건 등 공직자 재산등록시 혹시 누락시킨 등록대상이 있습니까?	예 ( )	아니오 ( )
35	렌트카를 1개월 이상 이용한 경험(현재 사용하는 경우 포함)이 있습니까?	예 ( )	아니오 ( )
36	리스 차량을 이용한 경험이 있습니까?	예 ( )	아니오 ( )
37	최근 5년간 본인과 배우자의 신용카드 연 사용총액이 총 소득의 50%를 초과하거나 특정 월 사용액이 월 소득을 초과하여 사용한 적이 있습니까?	예 ( )	아니오 ( )
38	최근 5년간 본인과 배우자, 자녀의 신용카드·체크카드·현금영수증 연간 합계액이 총 소득의 10%에 미달된 적이 있습니까?	예 ( )	아니오 ( )
39	경제적으로 독립하지 않은 자녀의 신용카드 사용액이 소득 수준을 감안할 때 과도하여 논란이 될 가능성이 있습니까?	예 ( )	아니오 ( )
40	경제적으로 독립하지 않은 자녀가 자동차를 보유하고 있습니까?	예 ( )	아니오 ( )
관련 소명	※ '예'라고 답변하신 문항을 포함하여 추가로 소명하실 내용이 있으면 기술해 주시기 바랍니다. 기술할 내용이 많을 경우 별지로 작성해 주시기 바랍니다.		

5. 납세 등 각종 금전납부의무

1	현재 임대(월세)하고 있는 부동산이 있습니까?	예 ( )	아니오 ( )
2	임대사업자 등록을 하셨습니까? (아니오의 경우 사유 기재)	예 ( )	아니오 ( )
3	세무관서에 임대소득은 성실하게 신고하셨습니까?	예 ( )	아니오 ( )
4	임대부동산의 세입자 중 유흥업소 등 사회적 논란이 있는 업종이 있었습니까?	예 ( )	아니오 ( )
5	본인, 배우자나 자녀가 사업(법인 포함)을 영위하거나 영위한 사실이 있습니까?	예 ( )	아니오 ( )
6	사업을 영위하면서 사업자등록을 하셨습니까? (아니오의 경우 사유 기재)	예 ( )	아니오 ( )
7	사업을 영위하면서 세무관서에 소득을 성실하게 신고하셨습니까?	예 ( )	아니오 ( )
8	상속·증여하거나 상속·증여받은 재산이 있습니까?	예 ( )	아니오 ( )
9	상속·증여와 관련한 세금은 모두 납부하셨습니까?	예 ( )	아니오 ( )
10	국세나 지방세를 체납한 경력(개인과 기업 포함)이 있습니까?	예 ( )	아니오 ( )
11	건강보험료, 국민연금 등 사회보장보험료(개인과 기업 포함)를 체납한 경력이 있었습니까?	예 ( )	아니오 ( )
12	각종 범칙금이나 과태료를 체납한 경력이 있습니까?	예 ( )	아니오 ( )
13	금융기관 대출금을 연체하여 채무불이행자로 등록된 사실이 있었습니까?	예 ( )	아니오 ( )
14	연체, 체납으로 계좌나 신용카드가 정지 혹은 취소된 적이 있습니까?	예 ( )	아니오 ( )
관련 소명	※ '예'라고 답변하신 문항을 포함하여 추가로 소명하실 내용이 있으면 기술해 주시기 바랍니다. 기술할 내용이 많을 경우 별지로 작성해 주시기 바랍니다.		

15	세금 등을 체납하여 자산 압류를 당한 적이 있습니까?	예 ( )	아니오 ( )
16	부동산 거래시 거래가액을 실제보다 낮춰 계약서를 작성하고, 이를 통해 취·등록세를 낮추어 낸 적이 있습니까?	예 ( )	아니오 ( )
17	부동산 거래시 거래가액을 실제보다 낮춰 계약서를 작성하고, 이를 통해 양도소득세를 낮추어 낸 적이 있습니까?	예 ( )	아니오 ( )
18	농지 거래시 실제 자경하지 않으면서 비과세 처분을 받거나 양도소득세를 낮추어 낸 적이 있습니까?	예 ( )	아니오 ( )
19	종교시설 등에서 허위 기부금 영수증을 발급받아 연말 정산시 사용한 경험이 있습니까?	예 ( )	아니오 ( )
20	세금 감면을 위해 실제 거주하지 않으면서 주소만 옮겨 놓은 경우가 있었습니까?	예 ( )	아니오 ( )
21	세금 감면을 위해 등기, 잔금, 이사를 늦추었던 사실이 있었습니까?	예 ( )	아니오 ( )
22	연간 1,500만 원 이상의 강의료에 대해 종합소득세 신고의무를 정상적으로 이행하셨습니까? (아니오의 경우 사유 기재)	예 ( )	아니오 ( )
23	소득이 있는 배우자, 직계존비속을 연말 소득공제시 인적공제 대상에 포함시킨 적이 있습니까?	예 ( )	아니오 ( )
24	'쌀소득보전직불금'을 신청 혹은 수령하신 경험이 있습니까?	예 ( )	아니오 ( )
25	본인(배우자) 또는 자녀가 소득이 있으면서도 국민연금, 건강보험에 가입하지 않고 피부양자로 등재한 적이 있습니까?	예 ( )	아니오 ( )
26	배우자 또는 자녀가 외국국적자이면서 건강보험 피부양자로 등재한 적이 있습니까?	예 ( )	아니오 ( )
관련 소명	※ '예'라고 답변하신 문항을 포함하여 추가로 소명하실 내용이 있으면 기술해 주시기 바랍니다. 기술할 내용이 많을 경우 별지로 작성해 주시기 바랍니다.		

6. 학력 및 경력

1	대학원 '수료'를 '학위 취득'으로 표기한 경험이 있습니까?	예 ( )	아니오 ( )
2	미인가 국내·외대학에서 취득한 학위를 '학력'으로 표기한 경험이 있습니까?	예 ( )	아니오 ( )
3	사회적 비난이 예상되는 부당한 방법으로 학위를 취득한 적이 있습니까?	예 ( )	아니오 ( )
4	학위 논문의 주요 부분을 타인에게 의존한 경험이 있습니까?	예 ( )	아니오 ( )
5	'강사', '겸임교수', '외래교수' 등의 경력을 '교수'로 표기한 경험이 있습니까?	예 ( )	아니오 ( )
6	각종 정부위원 활동경력을 과장하거나 허위로 표기한 경험이 있습니까?	예 ( )	아니오 ( )
7	사외이사(비상임이사)를 맡은 경험(현재 맡고 있는 경우 포함)이 있습니까?	예 ( )	아니오 ( )
8	시민·사회단체에서 활동한 경력이 있습니까?	예 ( )	아니오 ( )
9	시민·사회단체에서 임원 혹은 간부직을 맡은 경력이 있습니까?	예 ( )	아니오 ( )
10	다단계 업체 등 사회적 비난의 소지가 있는 기업 관련 활동을 하신 경험이 있습니까?	예 ( )	아니오 ( )
11	배우자나 가족이 다단계 업체 등 사회적 비난 소지가 있는 기업에서 활동을 한 경험이 있습니까?	예 ( )	아니오 ( )
12	귀하께서 공직에 임용됨에 있어 공개적으로 이의를 제기하거나 비판할 것으로 예상되는 기관 혹은 개인이 있습니까?	예 ( )	아니오 ( )
관련 소명	※ '예'라고 답변하신 문항을 포함하여 추가로 소명하실 내용이 있으면 기술해 주시기 바랍니다. 기술할 내용이 많을 경우 별지로 작성해 주시기 바랍니다.		

7. 연구윤리 등

1	논문의 위조·변조·표절 등 연구윤리 위반 논란으로 조사를 받거나 구설수에 오른 적이 있습니까?	예 ( )	아니오 ( )
2	본인의 논문 혹은 연구실적을 복수의 학술지에 중복 게재하여 '자기표절', '연구실적 부풀리기' 논란이 있을 수 있는 사례가 있습니까?	예 ( )	아니오 ( )
3	본인의 저서, 논문, 연구실적 中 타인의 기존 연구 성과물과 유사하거나 중복되어 표절시비의 우려가 있는 것이 있습니까?	예 ( )	아니오 ( )
4	논문 창작에 기여 없이 또는 기여한 범위를 넘어서 저자로 표시한 적이 있습니까?	예 ( )	아니오 ( )
5	제자의 연구성과물과 관련된 내용을 본인의 논문에 출처 표시 없이 인용한 사실이 있습니까?	예 ( )	아니오 ( )
6	논문 작성시 직위를 남용하여 자료를 수집하거나 타인의 도움을 받은 적이 있습니까?	예 ( )	아니오 ( )
7	정부위원으로 활동하면서 위원활동 관련분야의 연구용역을 수주한 경험이 있습니까?	예 ( )	아니오 ( )
8	연구비를 부당하게 집행하여 내·외부 기관으로부터 지적받은 경험이 있습니까?	예 ( )	아니오 ( )
9	연구용역 결과를 발주처와 협의 없이 별도 단행본 등으로 발간한 경험이 있습니까?	예 ( )	아니오 ( )
10	정부지원을 받아 수행한 연구용역 결과물을 '개인' 명의로 특허 등록을 한 경험이 있습니까?	예 ( )	아니오 ( )
11	연구용역 사업비를 집행함에 있어 연구원, 연구보조원 등에 대한 인건비를 부당하게 지급한 적이 있습니까?	예 ( )	아니오 ( )
12	부실한 강의 및 연구실적으로 교내외에서 문제가 되었던 적이 있습니까?	예 ( )	아니오 ( )
13	교육기관의 학내 분규와 관련된 활동을 하신 적이 있습니까?	예 ( )	아니오 ( )
14	부적절한 처신으로 학내·외에서 문제가 되었던 적이 있습니까?	예 ( )	아니오 ( )
15	귀하께서 공직에 임용됨에 있어 이의를 제기하거나 비판할 것으로 예상되는 학술단체 혹은 학자 등이 있습니까?	예 ( )	아니오 ( )
관련 소명	※ '예'라고 답변하신 문항을 포함하여 추가로 소명하실 내용이 있으면 기술해 주시기 바랍니다. 기술할 내용이 많을 경우 별지로 작성해 주시기 바랍니다.		

8. 직무윤리 관련

1	퇴직 이후 퇴직 전에 맡은 업무와 관련 있는 기관에 취업한 경력이 있습니까?	예 ( )	아니오 ( )
2	퇴직 이후 법무법인 등에 취업하여 고문역, 자문역 등으로 일한 경력이 있습니까?	예 ( )	아니오 ( )
3	외국계(다국적) 회사에서 일한 경험(사외이사, 고문, 자문 포함)이 있습니까?	예 ( )	아니오 ( )
4	업무유관 기관·개인으로부터 1인당 10만 원 이상의 식사접대나 선물 등을 받은 경험이 있습니까?	예 ( )	아니오 ( )
5	업무유관 기관·개인으로부터 무료로 각종 편의를 제공받은 경험이 있습니까?	예 ( )	아니오 ( )
6	업무유관 기관·개인으로부터 향응 또는 금품을 수수한 적이 있습니까?	예 ( )	아니오 ( )
7	각종 인허가, 계약, 승인 등에서 부당한 청탁 및 알선행위를 한 경험이 있습니까?	예 ( )	아니오 ( )
8	공금을 목적 이외의 용도로 사용한 적이 있습니까?	예 ( )	아니오 ( )
9	업무와 직·간접적으로 연관이 있는 기관에 취업한 자녀 혹은 가족이 있습니까?	예 ( )	아니오 ( )
10	자녀 혹은 가족의 취업을 위해 업무 유관 기관·개인에게 부탁한 적이 있습니까?	예 ( )	아니오 ( )
11	본인, 배우자, 직계존비속이 실제 근무하지 않는 회사(개인 포함)로부터 급여, 고문료 등 금전적 이익을 수령하신 적이 있었습니까?	예 ( )	아니오 ( )
12	업무추진비 등으로 기부금을 납부하였으면서 연말정산에 '기부금 공제'를 받은 경험이 있습니까?	예 ( )	아니오 ( )
13	(공직경력자만 응답) 공직 재직 중 기관장 허락 없이 외부 강의, 투자, 영리활동을 한 경험이 있습니까?	예 ( )	아니오 ( )
14	(공직경력자만 해당) 재직시 기관장의 허락 없이 외부단체나 기관의 회원, 위원, 임원 등으로 활동한 경험이 있습니까?	예 ( )	아니오 ( )
관련 소명	※ '예'라고 답변하신 문항을 포함하여 추가로 소명하실 내용이 있으면 기술해 주시기 바랍니다. 기술할 내용이 많을 경우 별지로 작성해 주시기 바랍니다.		

		예	아니오
15	(공직경력자만 응답) 재직 중 연가 등의 조치 없이 근무시간에 학교를 다닌 적이 있습니까?	( )	( )
16	(공직경력자만 응답) 재직 중 해외로부터 받은 100달러 이상의 선물을 정부에 신고하지 않은 적이 있습니까?	( )	( )
17	(사외이사 경력자만 응답) 사외이사로 재직하면서 대출편의를 제공받거나 스톡옵션을 받은 경험이 있습니까?	( )	( )
18	사회적 논란이 되었던 국책사업이나 정책결정에 주도적으로 관여한 경험이 있습니까?	( )	( )
19	인사청탁을 받아 부적절한 인사를 하신 일이 있습니까?	( )	( )
20	부하직원에게 공정한 업무수행을 저해하는 위법 부당한 지시를 내려 물의를 일으킨 전력이 있습니까?	( )	( )
21	과거 직장에서 해고되었던 경험이 있습니까?	( )	( )
22	과거 자신이 속했던 조직의 비밀을 유출한 전력이 있습니까?	( )	( )
23	공용차량 등 공용물을 사적 용도로 사용한 적이 있습니까?	( )	( )
24	직·간접 업무 관련자 등으로부터 돈을 차용한 경험이 있습니까?	( )	( )
25	직·간접 업무 관련자 등과 함께 해외여행을 한 경험이 있습니까?	( )	( )
26	본인이 경영하던 사업체에서 부정회계를 한 경험이 있습니까?	( )	( )
27	본인이 경영하던 사업체가 부도났던 경험이 있습니까?	( )	( )
28	본인이 경영하던 사업체에서 종업원의 임금을 제때 지불하지 못한 경력이 있습니까?	( )	( )
관련 소명	※ '예' 라고 답변하신 문항을 포함하여 추가로 소명하실 내용이 있으면 기술해 주시기 바랍니다. 기술할 내용이 많을 경우 별지로 작성해 주시기 바랍니다.		

29	부하 직원에게 폭력, 폭언, 인격적 모독행위를 한 경험이 있습니까?	예 ( )	아니오 ( )
30	사적인 일에 부하직원을 동원한 경험이 있습니까?	예 ( )	아니오 ( )
31	그동안 일해오면서 가족·친척 이외의 분으로부터 금전적으로 지원받은 적이 있습니까?	예 ( )	아니오 ( )
32	그동안 경조사시 가족·친척 이외의 분으로부터 사회통념을 벗어난 과도한 경조금을 받은 사례가 있습니까?	예 ( )	아니오 ( )
33	당적을 보유하거나 당적을 옮긴 경력이 있습니까?	예 ( )	아니오 ( )
관련 소명	※ '예'라고 답변하신 문항을 포함하여 추가로 소명하실 내용이 있으면 기술해 주시기 바랍니다. 기술할 내용이 많을 경우 별지로 작성해 주시기 바랍니다.		

9. 개인 사생활 관련

1	본가나 처가 가족 중에 역사적으로나 사회적으로 논란의 대상이 될 수 있는 일에 종사하신 적이 있습니까?	예 ( )	아니오 ( )
2	고위 공직자로서 논란이 될 수 있는 취미생활을 한 경험이 있습니까?	예 ( )	아니오 ( )
3	사회 통념상 논란이 될 수 있는 내기 골프나 도박을 한 적이 있습니까?	예 ( )	아니오 ( )
4	성희롱 등 도덕적 문제로 구설수에 오른 적이 있습니까?	예 ( )	아니오 ( )
5	배우자 또는 가족에게 폭력을 행사하여 물의를 빚은 적이 있습니까?	예 ( )	아니오 ( )
6	민사소송에 연루된 적이 있습니까?	예 ( )	아니오 ( )
7	개인파산 전력이 있습니까?	예 ( )	아니오 ( )
8	민간인 신분으로 북한을 방문(관광, 사업, 민간교류 등)한 적이 있습니까?	예 ( )	아니오 ( )
9	본인 또는 배우자가 수사를 받고 있는 사안이 있습니까?	예 ( )	아니오 ( )
10	본인 또는 배우자와 관련하여 진행 중인 재판 혹은 소송이 있습니까?	예 ( )	아니오 ( )
11	치료 중인 질병이 있습니까?	예 ( )	아니오 ( )
12	공무 수행에 지장을 줄 수 있는 질병 또는 장애가 있(었)습니까?	예 ( )	아니오 ( )
13	최근 5년간 1주일 이상 입원치료한 경험이 있습니까?	예 ( )	아니오 ( )
14	허위진단서를 발급받은 적이 있습니까?	예 ( )	아니오 ( )
관련 소명	※ '예'라고 답변하신 문항을 포함하여 추가로 소명하실 내용이 있으면 기술해 주시기 바랍니다. 기술할 내용이 많을 경우 별지로 작성해 주시기 바랍니다.		

15	가족 중에서 자녀의 외국국적 취득을 위해 출산 목적으로 해외에 나간 경우가 있습니까?	예 ( )	아니오 ( )
16	해외여행시 체류기간 초과로 불법체류한 적이 있습니까?	예 ( )	아니오 ( )
17	해외여행중 해당 국가 법규 위반 등으로 조사받은 적이 있습니까?	예 ( )	아니오 ( )
18	해외여행시 공적인 동반자 외에 배우자나 자녀, 지인들과 동행한 적이 있습니까?(있다면 여행목적, 동행자를 기술해 주십시오)	예 ( )	아니오 ( )
19	해외여행시 면세점에서 400달러 이상의 물품을 구매한 경험이 있습니까?	예 ( )	아니오 ( )
20	해외에서 입국시 면세범위를 초과한 휴대품을 지적받고 세금을 추가납부한 사실이 있습니까?	예 ( )	아니오 ( )
21	부적절한 해외 골프여행을 한 경험이 있습니까?	예 ( )	아니오 ( )
22	연가 등 적절한 조치 없이 해외여행을 한 사실이 있습니까?	예 ( )	아니오 ( )
23	해외유학 중인 자녀가 있습니까? (이하 질문들은 재산상의 흐름을 파악하기 위한 것입니다)	예 ( )	아니오 ( )
24	미성년 자녀를 해외에 유학시키고 있거나, 유학시킨 경험이 있습니까?	예 ( )	아니오 ( )
25	해외 부동산을 보유하거나 매입한 적이 있습니까?	예 ( )	아니오 ( )
26	해외에서 타인과 동업하여 사업하거나 사업한 적이 있습니까?	예 ( )	아니오 ( )
27	고가의 골프회원권 등 사치성 회원권을 가지고 있습니까?	예 ( )	아니오 ( )
28	이혼 또는 재혼을 하신 경험이 있습니까?	예 ( )	아니오 ( )
관련 소명	※ '예' 라고 답변하신 문항을 포함하여 추가로 소명하실 내용이 있으면 기술해 주시기 바랍니다. 기술할 내용이 많을 경우 별지로 작성해 주시기 바랍니다.		

29	자녀를 특급호텔에서 결혼시킨 경험이 있습니까?	예 ( )	아니오 ( )
30	백화점 또는 특급 호텔 VIP 회원으로 가입한 경력이 있습니까?	예 ( )	아니오 ( )
31	호화 외제차량을 보유하고 있거나 보유한 경험(해외 거주시 제외)이 있습니까?	예 ( )	아니오 ( )
관련 소명	※ '예'라고 답변하신 문항을 포함하여 추가로 소명하실 내용이 있으면 기술해 주시기 바랍니다. 기술할 내용이 많을 경우 별지로 작성해 주시기 바랍니다.		